高尔夫运动体能训练指南

[美] 皮特·德拉维奇（Pete Draovitch） 拉尔夫·辛普森（Ralph Simpson） 著 闪明 译

U0734587

人民邮电出版社

北　京

图书在版编目（CIP）数据

高尔夫运动体能训练指南 / （美）皮特·德拉维奇
(Pete Draovitch)，（美）拉尔夫·辛普森
(Ralph Simpson) 著；闪明译. — 北京：人民邮电出
版社，2020.6
　　ISBN 978-7-115-51893-4

　　Ⅰ. ①高… Ⅱ. ①皮… ②拉… ③闪… Ⅲ. ①高尔夫
球运动－运动训练－指南 Ⅳ. ①G849.32-62

中国版本图书馆CIP数据核字(2019)第262399号

版权声明

免责声明

本书内容旨在为大众提供有用的信息。所有材料（包括文本、图形和图像）仅供参考，不能替代医疗诊断、建议、治疗或来自专业人士的意见。所有读者在需要医疗或其他专业协助时，均应向专业的医疗保健机构或医生进行咨询。作者和出版商都已尽可能确保本书技术上的准确性以及合理性，并特别声明，不会承担由于使用本出版物中的材料而遭受的任何损伤所直接或间接产生的与个人或团体相关的一切责任、损失或风险。

<h2 style="text-align:center">内 容 提 要</h2>

体能训练对于任何一项体育项目而言都是必不可少的。本书针对高尔夫运动提供了系统的体能训练方面的指导。书中不仅提供了结合高尔夫运动技巧的 11 种体能测试方法，还针对身体的柔韧性、力量、稳定性等身体素质的提升精选了 100 余种练习动作，同时针对技术动作执行力的影响因素、营养摄入、损伤康复等一系列影响运动表现的关键问题进行了细致解读。此外，针对高尔夫运动，本书还提供了极具针对性的力量训练计划和每周 15 分钟的调整训练计划，致力于为高尔夫运动爱好者、专业运动员和教练提供系统的体能训练指导。

◆ 著　　　［美］皮特·德拉维奇（Pete Draovitch）
　　　　　　　拉尔夫·辛普森（Ralph Simpson）
　　译　　　闪　明
　　责任编辑　林振英
　　责任印制　周昇亮

◆ 人民邮电出版社出版发行　　北京市丰台区成寿寺路 11 号
　　邮编　100164　　电子邮件　315@ptpress.com.cn
　　网址　https://www.ptpress.com.cn
　　北京虎彩文化传播有限公司印刷

◆ 开本：700×1000　1/16
　　印张：12.75　　　　　　　2020 年 6 月第 1 版
　　字数：214 千字　　　　　　2025 年 10 月北京第 16 次印刷
　　著作权合同登记号　图字：01-2017-4047 号

定价：88.00 元
读者服务热线：(010)81055296　印装质量热线：(010)81055316
反盗版热线：(010)81055315

致我的家人，尤其是黛比和维多利亚，是你们给予我理解和支持，并能够辨识什么是重要的事情。感谢你们让我成为你们生活的一部分。

——皮特·德拉维奇

致我的父亲和母亲，是你们让我懂得努力工作的价值。致苏珊娜和阿莉，是你们让我的生活充满了爱和欢笑。你们是我的全部。

——拉尔夫·辛普森

目　录

本书具有可配合图书一起使用的同主题视频课程，详情请关注"人邮体育平台"。
视频课程与图书中标有如右图标识部分的内容配合使用。
视频课程为独立知识产品，本书定价中不含视频课程。

推荐序

多年来，技术的进步使高尔夫运动发生了令人难以置信的变化，但直到最近，人们才开始关心如何通过改善生理机能来提升高尔夫运动技能。

目前，有企业、大学、诊所和私教中心专门为了最大限度地提高高尔夫运动的身体潜能，而开展数据收集、进行相关研究并提供专项体能训练方案的工作。这并非最近几年才开始发生的，事实上，早在20世纪90年代初，我就是第一批聘请治疗师来提升我的运动技能并满足我康复需要的职业高尔夫球手之一了。

尽管职业球手和高尔夫运动爱好者的体能训练方案有很大的差别，但它们的目标应该是一致的：改进身体成分和提高神经肌肉系统的效率。

虽然研究表明，改善某一特定的体能因素可能会提高杆头速度、开球距离或动作的连贯性和一致性，但我深信，体能训练对高尔夫运动有更丰富的意义。例如，一些力量高于常人的球手在得益于其力量优势的同时，可能需要进行更多的平衡性、柔韧性或神经肌肉训练。

15年来，我一直非常信任皮特·德拉维奇和拉尔夫·辛普森。他们进行了无数次的科学筛查、临床检查、问题探讨、悉心护理、提供建议，并针对我的目标和需求制订了专门的最新训练计划。他们的这种钻研精神给我的高尔夫运动生涯带来了深远的影响。尽管30年来的训练和比赛给我的身体带来了一些损害，但在他们的帮助下，我仍能在50多岁的年纪保持自己最高的竞技水平。

无论你的能力、年龄、性别或健康水平如何，这本书都会为你提供实用的、易于实施的方案，以便提高你的身体素质和高尔夫运动技能。

——格雷格·诺曼

致 谢

感谢韦恩·威斯克特对本书的贡献，他是专业人士的榜样。能够与其共事，是我的骄傲。

感谢拉尔夫·辛普森同意与我一起编写本书。他的博学令我难以望其项背。还要感谢比尔·弗兰、米克·史密斯、凯文·奥奈儿、瑞恩·弗米利恩、萨姆·米勒、格雷·库克和保罗·史密斯，是他们一直伴随我成长。

感谢同事巴里·温伯格、布拉德·亨德森、盖尔·帕尔、琼·库奇、希莉娅·费斯、塔拉·里奇、塔利亚·尤班克斯、洛莉·米切纳、基思·克莱文、莱夫泰·比斯克、基思·汉德琳、汤姆·波尔斯、彼得·格里马迪、马克·奥尼尔、保罗·霍司潘斯、埃德·奥里斯、阿尔·米特尼斯基、乔·布莱塔、吉姆·盖多斯、帕特·弗林、布莱恩·贝利、鲍勃·德彭、凯兰·恩塞基、戴维·贝利、布莱恩·哈根、迪克·埃哈德、艾伦·德加纳罗、乔·莫洛尼、格伦·霍兰、卢克·德雷耶、克雷格·布雷斯洛、杰伊·艾尔根、萨蒂尼·蒲艾露、迈克·沃伊、艾德·塞德拉斯、博伊德·班德和杰森·凯利，感谢他们一路以来和我们分享他们的知识。

感谢医生约翰·乌里韦、弗兰·库克、乔治·帕雷塔、马克·菲利蓬、布莱恩·凯利、吉姆·布拉德利、乔·马龙、瑞驰·金斯、邦尼·尼艾、诺顿·贝克、马克·霍兰和理查德·斯特德曼，是他们让我明白开展运动医学项目意味着什么，感谢他们让我观看他们的治疗过程。

感谢高尔夫职业教练里克·史密斯、布奇·哈蒙和大卫·利百特，总是抽出时间并耐心地解答我那些简单的有关高尔夫挥杆的力学问题。

感谢所有为我工作过的教练，特别是撒德·特纳和亚特·斯蒂夫斯，他们让我明白仅完成昨天做的事情有时是不够的。感谢所有愿意分享新产品和设计理念的健身设备代理商，尤其是CDM医疗团的史蒂夫·麦吉、动态平衡系统的丹·戈尔茨坦以及ZenoLink的克里斯·韦尔奇。

感谢我的那些敢于想我所想、做我所做的参与者。

感谢格雷格·诺曼多年来的友情帮助和支持。对高尔夫运动的献身精神使他愿意将自己的身体作为公共医疗、康复、研究和表现能力的"实验室"，为所有的后来者们造福。

感谢人体运动出版社的所有既专业又有耐心的工作人员。再一次感谢他们竭尽全力地让本书顺利完成。

——皮特·德拉维奇

这些年来，在一些专家、患者和朋友的支持和帮助下，本书的内容变得越来越丰富，为此，向他们致以衷心的感谢。

1988年以来，我的骨科医师埃尔·彼特曼一直是我的职业生涯的驱动者，并不断给我有挑战性的任务，使我成为一名更好的医生。

这些年来，斯科特·麦克卡伦、汤姆·沃森、弗雷德·冯克、吉姆·弗克、戴维·汤姆斯、汤姆·伯姆、布拉德·法克森、诺塔·贝盖、史蒂夫·帕特和霍华德·特威蒂在早期的科研工作中给予了我很多的帮助，对此，我向他们致以诚挚的谢意和敬意。

对于 *Golf Digest* 的编辑瑞恩·卡斯普里斯克的支持，我表示万分感谢。

感谢高尔夫职业教练汉克·约翰逊，格雷格·莫里森和凯西·保尔森，感谢他们的开放思想，以及他们帮我创造的各种机会。迈克尔·布雷德致力于研究错误挥杆问题以及这些问题导致的结果，他是纽约桑宁代尔乡村俱乐部的主教练和 *Golf Digest* 的百佳教练，也是一个很好的决策咨询者，他总能给出很好的意见。

十分感谢教练萨蒂尼·普尔洛阿一直以来的支持和帮助。对我的朋友及同事们——史蒂夫·麦基、皮特·德拉维奇、基思·克利文、博伊德·本德、特洛伊·哈斯比、斯科特·里尔和史蒂夫·帕维利特，感谢他们的真诚、专业、创造力以及对事业的奉献之心，尤其感激他们带给我的友谊。

——拉尔夫·辛普森

高尔夫运动的体能要素

高尔夫运动需要体能训练吗？答案是肯定的。尤其是在那些有激情、有天赋的高尔夫球手通过体能训练获得成功后，体能训练对于很多球手来说已经成为常态。有些运动员十分重视体能训练，以至于在他们参加PGA巡回赛、LPGA巡回赛和冠军巡回赛时，都会有两辆训练拖车出现在赛场内，一辆用于训练，另一辆用于康复。这些训练拖车都配有全职体能教练与康复教练，他们在各大PGA巡回赛和其他重大赛事中随时待命。车上还配有最新的有氧训练设备和抗阻训练设备，包括哑铃、药球、弹力带、可调节力量训练设备和功能性拉索训练装置。不过，在许多练习项目中，高尔夫球手也可以使用自身重量、弹力管和瑞士球。

这些训练拖车上的工作人员主要是理疗师和教练，但医生和按摩师也在其中发挥着积极作用。物理治疗师为高尔夫球手们提供专业技能和知识，以提高他们的体能水平并降低运动损伤风险。

如今，体能状态良好的高尔夫球手们都对PGA巡回赛场的训练拖车赞誉有加。事实上，如果某场巡回赛上没有配备训练拖车，那么至少会有一名著名球手退出比赛。训练拖车可以帮助一些选手度过漫长的、条件苛刻的赛季，还能让运动员在这项高手如林且时常令人备受挫折的体育比赛中保持身心稳定。目前，除了PGA巡回赛上的训练拖车及配套的工作人员之外，高尔夫球手往往会带上他们自己聘请的体能训练师参加比赛。

在高尔夫比赛中，某个领域的微弱优势，例如更好的体能状态，就有可能使运动员的最终排名产生第一名到第二十名的差别。翻阅以往职业高尔夫比赛的成绩统计数据就会发现，排名榜中排名第一名和第二十五或第三十名的选手的差别，在每轮杆数上可能只在四分之一杆左右。然而，这个微小的差别在每一场比赛结束后都会扩大4倍，最终，高尔夫球手就会以一杆的优势赢得比赛，或是输掉比赛。保持良好体能状态的另一个好处是，当身体状况良好时，球手的大脑就会更加专注于手上的动作，即打好下一杆。

历史数据表明，大多数高尔夫球手都不愿花大量时间来进行体能训练，即使他们知道这会提升他们的高尔夫运动技能。因此，高尔夫运动体能训练方案应注重效率，且应侧重于那些最能提高运动技能并减少运动损伤的方面。不久以前，其他竞技体育项目很少或者根本不注重肌肉训练。例如，在20世纪60年代，几乎没有橄榄球队会在非赛季进行力量训练。而如今，橄榄球运动员们全年都会进行力量训练以保持体能状态。在20世纪70年代，篮球运动员被建议避免进行力量训练，因为发达的肌肉与投篮能力毫无关系。而现在，篮球运动员全年都会进行力量训练。显然，各个体育项目的运动员都在变得体形更大、速度更快，与过去相比，他们在体能训练上花的时间也更多。

　　高尔夫运动员同样应该意识到体能训练的重要性。新一批高尔夫球手和他们在职业赛场上的体型，就说明了在高尔夫运动界所发生的变化。相比老一辈的高尔夫球手，这些年轻的顶尖高尔夫球手体型更精瘦，肌肉更发达，动作更灵活。体能训练可以减少生理局限，帮助球手优化其挥杆模式。体能训练使动能转换更有效率，从而增进了球手的击球能力并提升了杆头速度。

　　用理论模型来对比棒球所需的力量和高尔夫球所需的力量，我们发现从一个静态的位置将高尔夫球击出300码（1码约为91.44厘米）所用的力量，和将棒球打出300英尺（1英尺约为30.48厘米）所用的力量是相同的。想象一下，一个差点为10的高尔夫球手，在一轮高尔夫比赛中，会全力挥动只比棒球杆轻一点的木杆50次，并且再进行50到75次的练习挥杆。将这位高尔夫球手与一位在比赛中用击球5次、总共挥杆15次的棒球运动员相比，很容易发现二者挥动球杆所需力量的差异。另外，高尔夫球手每轮要步行约8000码，而一名棒球中外野手在休息区间来回步行的距离不

如今的职业高尔夫球手（如塞尔吉奥·加西亚）意识到了体能训练的重要性，所以他们更精瘦，有更多肌肉，比老一辈的高尔夫球手更灵活

超过2000码。即使把沿着垒道奔跑的步数或追逐飞行中的棒球的步数也计算在内，棒球运动员步行的总长度也比高尔夫球手的步行距离相去甚远。

我们得出的结论是，虽然高尔夫运动不像棒球运动那样要求具有很强的爆发力，但其更大的活动量需要更多的体能储备。如今，棒球界都将体能训练列为训练计划的一部分，高尔夫运动也是时候应该这样做了。

你的体能水平适合打一场高水平的高尔夫比赛吗？

加强健身可以提高高尔夫运动水平

体能良好的高尔夫球手能够走完18洞的高尔夫球场而不觉得累，且能专心完成整场比赛。更重要的是，体能状态良好的球手在挥杆时会更有力、更具协调性，因此球会打得更远更精准。更高的体能水平还可以缩短恢复时间，让高尔夫球手可以轻松打完多轮球赛。

重复的挥杆动作是造成职业和业余高尔夫球手受伤的主要原因。为了避免或降低受伤风险，应在训练中加入体能训练以预防运动损伤的发生。第一步是要找到自己体能方面的短板，并了解需要做哪些努力来弥补。如果对这些问题不管不顾，则必将导致最终的体能问题。要意识到潜在的问题以及了解预防措施。一个有效的训练方案应该考虑到心肺耐力、体位的对称性、高尔夫运动的专项力量训练、机体柔韧性、平衡能力、运动技能学习和营养问题。

心肺耐力

心肺耐力是检验整体体能水平的一个良好指标，特别是能否做更多的工作、消耗更多的热量，以及在高强度运动（如打一轮高尔夫比赛）后更好地恢复体能的能力。尽管许多高尔夫球场要求球手使用高尔夫拖车，但几个小时的运动仍会让球手在打最后几个洞时感到十分疲惫。除非有较高的心肺功能，否则步行（在任何时候我们都极力推荐这样做）将会消耗球手更多的体力，进而影响打球发挥。遗憾的是，仅靠打高尔夫球并不能提高球手的心肺耐力，球手需要进行专门的心肺耐力训练，才能达到提高心肺功能的目的。

这方面的训练通常被称为有氧训练，每次需要20至30分钟的中等强度运动，每周3天（次）。步行、慢跑、爬楼梯和骑自行车都是适宜提高心肺功能的运动方式。体能训练水平与运动强度息息相关，例如，慢走只会让心率比静息状态时多跳20次（通常按每分钟70次计算），这对有氧代谢能力没有多少影响。不过，慢跑或竞走能让心率比静息状态时每分钟提高60次，这会使心肺功能显著提高。规律地进行20分钟到30分钟的中等强度的有氧训练，会使心脏跳动更加有力，血液循环更加高效，血细胞携带更多的氧分子。

一个选择合适训练强度的简单方法是，在个人估算最大心率的70%的强度下进行运动，即用220减去年龄后再乘以70%，就可以轻松算出这个值，然后你只需尽全力让心率达到这个标准即可。

估算最大心率

约翰今年50岁，因此他的估算最大心率为每分钟170次（220−50=170）。如果想进行有效的心肺训练，约翰需要在每分钟120次的心率下进行有氧训练（如步行、慢跑、爬楼梯、骑车等）。当然，这只是估算值。如果这个训练强度让人难以接收，则应该降低强度；如果这个训练强度过于简单，则应该增加强度。表1列出了与年龄相关的最大心率以及乘以70%后的训练心率。

表1　心肺适能训练的心率

年龄（岁）	15	25	35	45	55	65	75	85
最大心率（bpm）	205	195	185	175	165	155	145	135
乘以70%后的训练心率（bpm）	144	137	130	123	116	109	102	95

体位的对称性

对于高尔夫运动来说，体位的对称性非常重要。不巧的是，在高尔夫这样的体育运动中，身体一侧的肌肉与另一侧肌肉的使用程度是不同的，这会导致姿势失衡，从而影响运动水平的发挥并造成身体损伤。但重要的一点是，要先确定这种姿势失衡是属于运动生物力学的正常反应，还是由病理原因造成的。一套正确的高尔夫体能训练方案力求达到从前到后、从左到右的身体平衡。尽管从运动生物力学的角度讲，这个目标可能完全无法实现，但所有高尔夫体能训练方案都应该将这点作为首要目标。

高尔夫运动的专项力量训练

一套高尔夫运动力量训练方案，应当包括躯干、上肢和下肢的肌肉训练。因为高尔夫的挥杆不是一个简单的线性动作，所以需要实施一个全面的、涉及多个关节的力量训练方案。有力的高尔夫挥杆动作的大部分力量都来自于臀部和腿部。力量必须通过稳定的躯干传到上肢，同时力量会转移到球杆上并抵消其强劲的反作用力。因此，一次成功的挥杆，依靠的是身体各部位的主要肌肉爆发出足够强大的力量并协调完成各个动作。当然，强健的肌肉也是摆出正确姿势的基础，能够确保头部稳定，双眼紧盯球。

机体柔韧性

柔韧性是高尔夫球手多年来一直颇为重视的体能要素之一。通过加强关节的灵活性，可以使得挥杆幅度更大，杆头速度更快。关节灵活性是由运动能力决定的，而且关节灵活性决定了挥杆模式的安全范围。但是，单凭绝佳的柔韧性无法保证一次很好的挥杆动作。因为无法在适当的时间完成一组连续动作，可能会导致球杆在击中球之前就达到了最大杆头速度，并损失一些动力，开球距离也会相应缩短。

平衡能力

平衡能力涉及一个复杂的神经肌肉通信系统。该通信系统依赖于中枢神经系统、眼睛、内耳以及关节和软组织中的微小信息受体提供的反馈。在挥杆过程中，要掌握平衡就必须让脊柱（躯干）处于合适位置。如果在挥杆过程中没能保持平衡，那么转肩、重心转移和力量转移可能都会受到影响，挥杆的效果也会大打折扣。随着年龄的增长，感觉器官和平衡系统的敏感度开始降低。因此，对每个人来说，最好将更佳的动作平衡视为体能训练方案的首要任务之一。

运动技能学习

运动技能学习就是教会神经肌肉系统以一种持续的、可再现的方式执行任务。因为高尔夫挥杆动作要求身体的各个部位相互协调，所以运动技能学习，或者说是肌肉记忆，可能是需要改善的重点。必须进行一些技能训练，让身体学着适应更高效的运作，从而提高打球水平并减少受伤风险。训练身体的各部位在有效的运动范围内正确地、有序地工作，协作完成一次高尔夫挥杆动作。

无论是运动技能学习，还是类似计算机编程的神经肌肉系统，都为一次成功的高尔夫挥杆动作提供了压力最小、最有效的运动方式。运动可以定义为由神经系统控制，经由运动技能学习过程调控而进行的一系列肌肉收缩。

营养问题

虽然大多数人并不认为高尔夫运动需要摄入高能量食物或是特定的饮食，但合理的营养搭配的确是高尔夫体能训练方案的一个重要组成部分。毕竟，要想在4小时的体育活动中保持较好的体力，就必须采用合理的饮食方式。另外，从事体能训练活动的高尔夫球手需要更好的营养，以便最大限度地提高体能水平。

健康的饮食是第一步，这对生活的方方面面来说都很重要。提高高尔夫运动技术能力的饮食方式是第二步，因为稳定的体力会大大提高打球水平，尤其是在后9洞。

我们推荐的营养方案是有效而合理的，并且完全符合美国农业部发表的金字塔食品指导体系。该方案强调让运动员摄取适当的碳水化合物，以便在整场高尔夫比赛中保持较高水平的体能。

理解挥杆动作

因为高尔夫挥杆动作是最不自然、最复杂且最具爆发力的一种运动，所以要求球手们有良好的身体素质来尽可能成功地、安全地完成这个大力量的体育动作。更灵活的关节可以让运动员在最大活动范围内发挥得更加自如。更大的肌肉力量可以提供更大的击球力量，让球打得更远。更好的平衡和协调能力是控制能力的关键，会帮助球手把球打得更接近目标。将所有这些优势结合起来，就会大大提升你的高尔夫运动技能、打球满意度和比赛得分。

高尔夫挥杆的要点

位于美国亚拉巴马州伯明翰市的美国运动医学学院将高尔夫挥杆动作分解成5个独立的生物力学过程或者姿势，这将有助于设计一些针对高尔夫运动的训练方案：

站位；

向后起杆；

过渡；

下挥杆；

收杆。

克里斯·韦尔奇是一位生物力学家，创办了韦尔奇电子科技。他使用自创的程序和软件包（Zenolink系统），来分析由身体各部位（髋部、躯干、肩部和手臂）组成的功能性连结（髋部–躯干、躯干–肩部以及肩部–手臂）是如何完成高尔夫挥杆动作的。Zenolink系统的主要目标是确定挥杆动作过程中所用的特定力量和爆发力，并找出这些因素与最快杆头速度的关系。分析结果会客观地呈现球手是如何损失一部分力量的。

对各段脊柱施加的力量大小是因人而异的，主要取决于每个人的技能水平和身体素质。已有的脊柱状况，如退化性关节疾病、不平衡的动作或退化性的腰椎间盘疾病，会影响挥杆的发力。当然，如果身体上的要求超过组织功能和恢复能力，则会导致关节结构受损。在高尔夫挥杆过程中，施加在脊柱上的一般力量应如下所示：

身体各部位间的前后滑动力（剪切力）；

身体各部位间的侧弯力；

身体各部位间的扭转力；

身体各部位间的压缩力。

新泽西医学院开展的一项研究结果表明，职业高尔夫球手的滑动力、侧弯力以及扭转力都比高尔夫业余爱好者要少，二者的压缩力都接近于其体重的8倍。躯干上神经肌肉的发热程度表明，在躯干屈伸过程中，专业人士会更轻松一些。另外，职业和业余球手的神经肌肉发热次序也是不同的。这些发现表明，与具有较高差点的高尔夫球手相比，具有较低差点的高尔夫球手拥有更有效的挥杆方式。动态平衡系统（Dynamic Balance Systems, DBS）的丹·戈尔茨坦表示，与具有较高差点的球手相比，具有较低差点的高尔夫球手在击球时，重心会更为持久地保持在两脚站立的宽度之间。优秀的高尔夫球手减轻脊柱节承受力和肌肉收缩力的关键在于，他们都知道如何成功地将身体某个部位的力量转移到另一个部位。

这种有效的传输动力，又称动力链接，可以通过训练来提高。球手们可以在

安妮卡·瑟伦斯塔姆是LPGA巡回赛中爆发力最强的选手之一。在挥杆产生爆发力的时候，这些来自下半身的爆发力必须通过身体中部的肌肉传导至上半身

增加肌肉力量的同时，提高关节灵活度、平衡能力和协调能力，从而更高效且更有效地产生更多力量。这些力量会增加击球时的杆头速度，最终将球打得更远。

在运动人体学领域，位于加利福尼亚州恩格尔伍德市的特尼特医疗中心的生物力学实验室进行过大量的高尔夫挥杆动作分析，这是在一位名叫弗兰克·乔贝的运动医学先驱的指导下完成的。研究分析表明，在向后起杆过程中，躯干肌肉几乎是不运动的，但它们会在挥杆的其余阶段持续处于高度活跃状态。

这些研究结果表明，在高尔夫球手用于提升运动技能水平、预防伤害和进行康复的训练方案中，躯干肌肉是非常重要的。

关于肩关节的研究表明，肩袖肌肉主要是在运动即将结束时发力。在加速过程中，肩关节会被激活，在挥杆和后续动作中，前肩肌肉会被激活，位于前臂的中后部肩部肌肉会极度活跃，以便在挥杆过程中固定肩带部位。更为重要的是，臀部和膝盖上肌肉运动的最高峰值发生在躯干和肩部肌肉运动出现最高峰值之前。这证实了身体不同部位的发力顺序的重要性。

为了能够按照正确的挥杆顺序来获得最大的效能，球手需要有强壮的小腿、大腿和臀部肌肉来提供挥杆力。这些来自下半身的力量必须通过较为强壮的身体中部的肌肉传导到上半身。在球手通过训练有素的小臂和前臂控制球杆的同时，强健的胸部、背部和肩部肌肉都会增加挥杆速度。一次完美的高尔夫挥杆动作所要求的肌肉力量、关节灵活性和动作协调性，是其他任何一项运动的其他动作都无法企及的。

力量

用脚蹬地时，双脚会发力，这些力量会推动身体并产生运动。高尔夫挥杆运动中有两种重要的力量——正交力和剪切力。挥杆的线性动作中会用到正交力。

挥杆的扭转动作中会出现剪切力。

双脚的正交力作用于地面上，或垂直或向下。在向后起杆时，重心转移到后脚；在向下挥杆时，重心转移到前脚掌。当重心转移到一只脚上时，这只脚的正交力就会增大，而另一只脚的正交力则会减少。这个动作说明了挥杆动作属于线性运动。在高尔夫挥杆过程中，身体的线性运动是非常重要的，因为正是这个运动促使身体发力，从而加大了旋转速度和髋部的力量。

双脚的剪切力的方向沿着地面或平行于地面。在挥杆过程中，两只脚施加的都是剪切力，这种剪切力会产生扭转力，使髋部围绕躯干轴旋转。这说明了挥杆动作包含转动运动。挥杆过程中产生的最大杆头速度与扭转运动有最直接的关系。

当下半身的用力出现错误时，对高尔夫挥杆动作产生的影响就像地基上的裂缝对房屋的影响。没有坚实的基础，挥杆效果就会减弱。下半身用力过程中最常见的错误就是滑动。如果高尔夫球手出现滑动，就会破坏线性运动和旋转运动之间的互动，导致力量转移损失，转动被破坏。

能量转移

在高尔夫挥杆动作中，没有哪个特定环节是不重要的。但是，高尔夫球手的挥杆力度是由其最薄弱的环节所决定的。高尔夫挥杆动作的最关键环节应该是：高尔夫球手向后起杆时将能量和力量从上半身转移到下半身时，以及在击球时将能量和爆发力从下半身转移到上半身时。这些环节也是业余球手身上最常见的薄弱环节。在挥杆过程中，躯干肌肉的作用类似于曲轴对汽车性能的作用。就好比曲轴将活塞创造的力量转移到汽车驱动轮的扭矩一样，躯干肌肉会将下半身产生的爆发力转移到上半身的力矩中，从而产生杆头速度。如果能够获得最大的能量转换，就会产生最大的爆发力。

在高尔夫右手球手做向后挥杆的过程中，上半身带动髋部在围绕脊柱的顺时针方向发力。这时，扭转动作连接髋部和肩部的躯干肌肉开始加力。这一点非常重要，因为在加力的过程中，储存在肌肉里的能量会在挥杆过程中帮助肩部加速。不过，更重要的是髋部和肩部的动态交互作用。这和扭转动作的力度无关，而是和创造最大力量的时机以及顺序有关。

高尔夫挥杆动作的最大力量，是在下半身围绕脊柱产生一个逆时针旋转加速度时产生的。髋部先开始加速，给躯干肌肉施加一个动态的负荷。随后是肩部开始逆时针方向旋转并加速，此时，髋部开始减速。当由于这些肌肉收缩而使肩部运动加速时，就会将能量传递到躯干。最终获得的力量和肩部旋转速度是髋部所产生力量和速度的两倍。

从下半身到上半身的能量转换失败的两个最常见原因都来自髋部。第一个原因是髋部滑动，髋部在没有旋转的情况下向左侧向移动。这样产生不了任何旋转速度，而且实际上减少了传向上半身的能力。在很多情况下，髋部滑动还造成脊柱过度倾斜。脊柱倾斜时，用于扭转围绕轴心的各个部位的肌肉就会变得不对称，一侧收缩，另一侧拉长。这种不对称会影响力量的产生，并增加后腰和关节上的压力。第二个问题是髋部旋转，即高尔夫球手在挥杆过程中扭转髋部过快。这会造成上半身和下半身间的能量转换过度延迟，上半身往往跟不上下半身的速度。躯干无法将髋部旋转时产生的力量传递到肩部旋转上，导致力量和杆头速度下降。

髋部旋转和躯干旋转间的完美相互作用是在正确的挥杆动作顺序中发生的。发挥这种协调动作的关键是要理解该运动的发生方式，并且要有强壮而又灵活的躯干，尤其是要有能够维持躯干稳定性和旋转运动的肌肉。

杆头释放

杆头释放也被称为手腕释放或杆头延迟。关于这方面的讨论有哪些？杆头释放如何影响挥杆动作？杆头释放是指在躯干绕脊柱轴心移动时杆身和手臂平面形成的角度。向下挥杆时，球手的手臂朝着球的方向下压。使用下半身产生的力量，并通过身体中部将该力量传导至上半身，增加手臂的旋转速度。在手臂加速的时候，手臂与杆身之间的角度保持不变，处于准备击球的状态。当手臂开始减速时，力量从手臂传递到球杆上，使球杆加速。此时可以看到杆身与手臂之间的角度发生了变化，这种变化被称为杆头释放或手腕释放。如果这个动作在时间上把控得恰到好处，杆头就会达到最大速率，进而产生最大的击球力度。

当杆头即将撞击到球时，通过肉眼观察到的现象，人们很容易认为杆头释放就是指杆身和手臂间角度的增大。不过，直到现在，用于测量和分析这个动作的技术仍未出现，这就使得许多通过肉眼观察得出的错误结论仍是大行其道。两种常见的错误观念是，应该在击球前一直以准备击球的姿势持杆，或者应该从最高点向下挥动球杆来释放力量。

保持准备击球的姿势会妨碍绕躯干轴心运动的手臂的加速，还会降低杆头速度。事实上，手臂绕躯干轴心运动时的加速度会影响准备击球的角度，并在向下挥杆时一直保持这个角度。当手臂开始减速时，球杆开始加速，球杆角度会增大，进而转为击打力。手腕和手臂肌肉会因尝试保持准备击球的角度而紧张，妨碍了球手的自如发力。这种阻碍会造成手臂过早减速，进而过早释放球杆角度，并增加了上半身和手臂的压力。一定要避免这种错误。

另一个错误观念是从最高点向下挥动球杆。同样，当手臂减速并从准备击球状态自动释放时，球杆会达到最大加速度。强制释放可能会阻碍能量的流转，并造成肌肉紧张，最终导致手臂过早减速，使得击打力变小。高效的高尔夫挥杆动作会用有效的手臂动作来形成球杆角度并释放杆头。有效的手臂动作是由以下动作的有序组合形成的：

用下半身的大肌肉来产生爆发力；

将腿部的力量通过核心肌肉有效地传送至上半身和肩部；

加快手臂速度，以便积聚最大能量并获得最大爆发力。

一个有效的高尔夫训练方案通常有两重目的：提高运动技能水平并降低受伤风险。本书将为你提供提高体能、提高高尔夫运动水平和降低受伤风险的有效方法。

第1部分

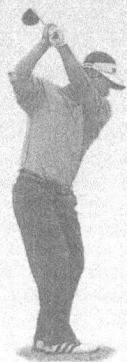

体能训练内容

第1章

高尔夫体能测试

尽管健身会花费一些时间，但即使是杰克·尼克劳斯也认识到，通过体能训练可以使其在职业生涯中保持竞争力。尤其是在1986年美国大师赛后，他意识到了体能训练的重要性，体能训练使他在20世纪90年代仍能继续保持竞争优势。目前，大多数高尔夫职业精英都会进行体能训练，但高尔夫业余爱好者们在接受体能训练方面仍表现得不够积极。

评估现在的体能状况并制定合适的体能训练方案，这是提高高尔夫运动技能的重要环节。如果目前有伤病或健康问题，一定要在体能评估前咨询医生或医疗专家。

球手们还需要牢记，身体某个部位的症状有可能是由其他部位的疾病引起的（参见第2章"实现全挥杆弧度的柔韧性"中的"代偿途径"）。例如，戴维斯·乐福的髋部病痛在后来被确诊是由背部问题引起的。同样，奥拉·查宝的脚部问题持续了两年，直到后来的进一步检查才发现，这是由后腰问题引起的。美国运动医学杂志上发布的一项研究表明，髋部运动范围受限与后腰疼痛之间有明确的联系：无症状髋关节疼痛往往会导致背痛。为了提高高尔夫运动水平，一位著名的高尔夫球手曾经想通过大量的体能训练让身体左侧变得更有力，但检查过后发现，在他左侧的脚踝上存在未经治疗的旧的扭伤。一条运动贴布就可以解决所有问题。幸运的是，真正的问题被发现并被成功治愈，然后球手就可以继续进行高水平的高尔夫体能训练了。较好的体能素质对于身体康复和预防伤病都是十分重要的。那么球手该如何开始体能测试呢？

如果您在高尔夫运动方面有远大的志向，那么与一个包含高尔夫职业教练、生物力学专家、医生、理疗师、营养学家和运动专家组成的团队合作，显然能更好地开发您的潜能。与一位训练有素的专业教练共事，也能极大地提升你的高尔夫运动水平和满足感。不过，如果您喜欢自我评估的话，这里有一个用来评估特定体能因素和运动技能水平的相对简单的评价系统。

挥杆动作的自我评价

您会时常因为很难完成某个挥杆动作而通过各种练习来纠正这个问题吗？假设您向后起杆幅度较小，或者没有产生足够的爆发力，您可以找到许多辅助练习来帮助解决这个问题，但您首先应该确认身体的哪些特定部位限制了您的向后起杆动作。

紧张的肩袖肌（肩部肌肉）、紧张的髋关节及其周围的肌肉组织、上半身和下半身的不协调、受限制的脊柱中部运动、紧张的背阔肌（上背部肌肉）、受限制的颈椎（颈部）肌肉，这些都会对您的向后起杆动作产生限制。因为向后起杆动作受限的可能原因有许多，我们建议进行初步筛查，以帮助您确定受限的领域。下一节将帮助您找出可能的问题领域，您可以通过适当训练来改善这些领域。然而，如果您有肌肉骨骼方面的问题，建议先去咨询医生或理疗师，最好是在脊椎和运动损伤方面有专业经验的专家。

筛查步骤

基本的筛查过程会通过综合检查球手的柔韧性、力量、平衡能力和协调能力来评定其灵活性和稳定性，并为球手提供提高其挥杆水平的宝贵意见。未能识别出一般性问题可能会导致不协调的挥杆模式和糟糕的表现。筛查过程能够揭示一些明显的结构、运动力学和软组织方面的问题，而且能够提供一些关于减少无效训练的建议，并制定可能会提高球手挥杆能力的训练计划。通常情况下，筛查或测试过程均可作为矫正训练的一部分（至少会采用其中的一部分）。

大多数筛查测试已经发展得很有效，让您能够更好地观察运动的动作或模式。为了取得最好的测试结果，球手需要一位可以随时观察其动作的朋友。观察者或是陪练同伴应当知道如何观察高尔夫挥杆动作，并将注意力集中在对称性上，也就是说，挥杆动作在每一个方向上都是平衡的、对等的。

心肺耐力

　　尽管心肺耐力与高尔夫运动水平并没有直接关系，但它会影响球手在高尔夫球场上运动好几个小时的耐力。通常来讲，建议球手在16分钟内走1英里（1英里约为1.61千米），并在34分钟内走2英里，以便获得足够的有氧能力。至于心肺耐力，如果球手能够努力挺直腰背，大步流星地走完这段距离且不觉得太累，那么他的身体素质应该很适合打高尔夫。

柔韧性

髋部灵活性

　　要点　通过这项测试，球手可以观察髋关节的局限性。

　　步骤

1. 深蹲至一个舒适的高度，保持脚后跟着地。
2. 注意观察在深蹲到最低点时，两髋是否同高。
3. 站起身。

　　评估　除非面对一面全身镜，否则无法判断髋部高度。不过，判断这个动作是否做得好的一个指标是，感受身体重量是否均匀地分配在两只脚上。

　　如有问题，可参见第2章中的"髋部旋转恢复"。

▶ 上背部灵活性

要点 通过这个测试，可以发现背阔肌（背部中央和后背部）的局限性。

步骤

1. 站立，然后双手举过头顶并蹲下（a）。

2. 注意手臂与耳朵的相对位置。

3. 靠着墙或门框坐下，身体前倾，如果有需要，可让腰部平靠在墙上（b）。

4. 双手举过头顶。

5. 注意站立和靠门坐时手臂位置的区别。

评估 通过改变腰部、颈部或骨盆的位置，可以限制肩部的提升，因为这些区域都是肌肉附着点。如果靠门坐时手臂无法抬升到站立时的相同高度，那么在训练时就应重点锻炼后背的上部和中部。

上背部（胸腔）旋转

负重上半身旋转

要点　可能发现旋转能力的不对称性。

步骤

1. 手持一根长铁杆或木杆，将其放在靠胸的位置，或是双手持杆将其放在上背部，收紧肩胛骨。
2. 轻轻将臀部靠在台子或桌面上；在旋转时，保持臀部两边受到同等的压力。
3. 只转动肩部，先转向右边（a），再转向左边（b）。
4. 注意从一边转向另一边时的不同感受。转向其中一边时是否更困难？
5. 注意观察球杆（以及上半身）相对于台子或桌面转出去有多远。如果球杆与台子顶部恰好垂直，这意味着两者间呈90度，这种情况不常见。45度到55度会更好一些。
6. 利用这个测试来检测身体的活动范围，以及身体一边较另一边的僵硬度。

▶ 负重下半身旋转

要点　利用该测试发现旋转能力的不对称性。

步骤

1. 手持一根长铁杆或木杆，将其放在靠胸的位置，并确保收紧肩胛骨。

2. 只转动肚脐以下部位，先向右转，再向左转。

3. 注意从一边转向另一边时的不同感受。转向其中一边时是否更困难？

4. 注意观察肚脐部位（以及下半身部位）相对于靠在胸膛上的球杆转出去有多远。假设一支铅笔从肚脐处伸出：如果那支铅笔与杆身恰好垂直，这说明下半身与杆身呈直角，这种情况不常见，而且是旋转过度造成的。45度更为合适。

5. 利用这个测试来检测身体的活动范围，以及身体一边较另一边的僵硬度。

如果对上述两个测试有疑问，可以参照第2章中的"脊柱旋转恢复"。

▶ 非负重旋转

要点　专注于胸腔的旋转，减少或消除重力作用，并控制下背部的影响。

步骤

1. 侧卧。将两个膝盖提升超过90度，并用位于下方的手按住双腿（a）。

2. 当位于上方的肩部朝后向垫子转动时，位于上方的手放在胸前。（b）遇到第一个障碍转不动时停下来，此时的障碍可能位于背部中间或肋骨的某个位置，但不是下背部。

3. 估算从地面到肩后部顶端的距离。

4. 虽然职业球手通常能将肩部顶部移动到距地面1~2英寸（1英寸约为2.54厘米）处后停下，但一般人移至3~4英寸就可以了。

5. 将身体的一侧与另一侧进行比较，确认失去平衡之处。

如果此处有问题，请参阅第2章中的"90/90侧卧拉伸"。

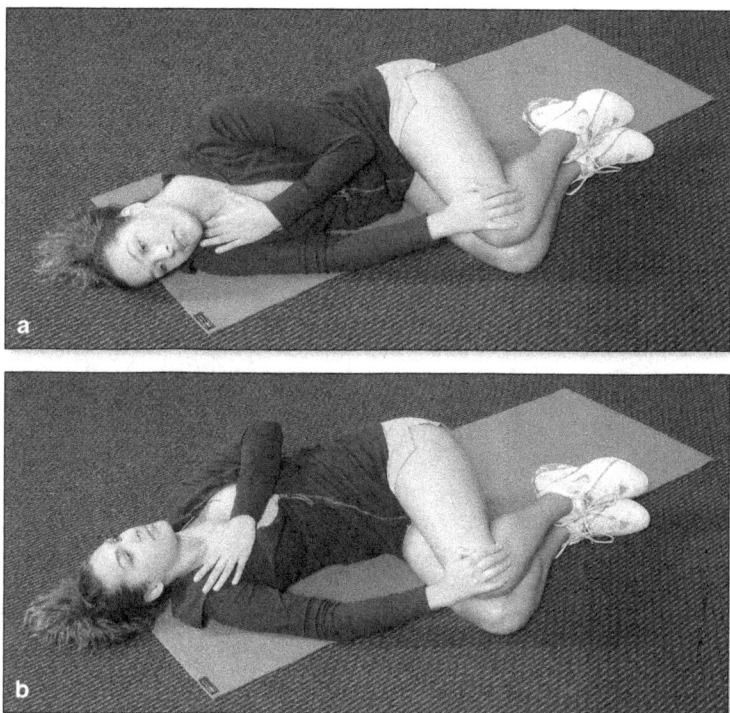

力量与稳定性

腹部肌肉力量

要点　挥杆时，脊柱和躯干应当保持稳定。这项测试能够评估腹部肌肉的力量。尽管腹部肌肉可以被看作单一的腹部肌肉群，但不同的附着点在躯干稳定性中起着不同的作用。

步骤

1. 找到一个门框或一面平坦的墙。

2. 以舒服的姿势倚靠在门框或墙上（a）。

3. 向后转动骨盆，直到腰部完全贴于门框或墙上。如果想让背部更加平坦地倚靠在门框或墙上，可以调整坐姿高度。

4. 保持后背部平靠在门框或墙上，从地面上抬起一只脚并坚持大约2秒（b）。

5. 用另一只脚重复此动作。

评估 如果抬起脚时不能保持背部紧靠在门框或墙上，则意味着腹部肌肉力量较弱。最好请他人观察训练者保持平靠在门框或墙上的动作，因为自己往往察觉不到姿势的变化。

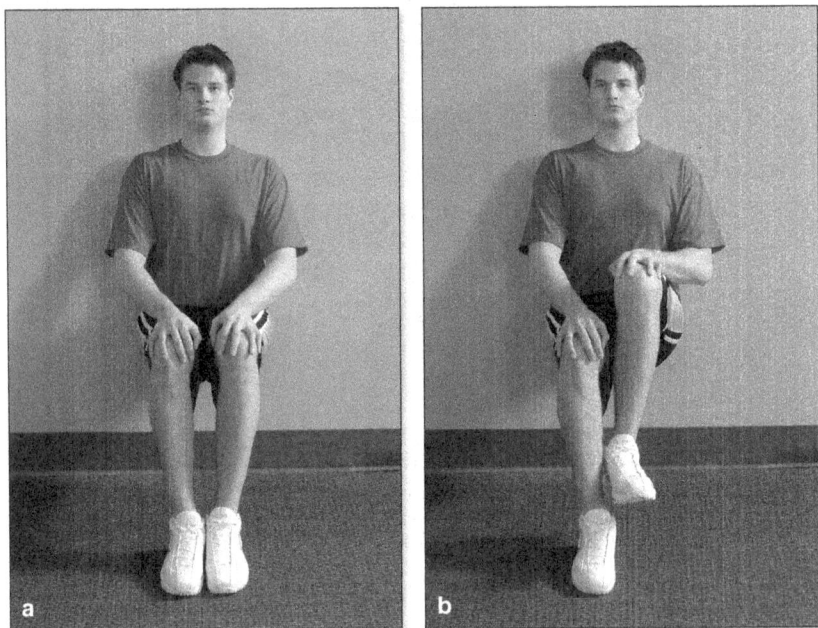

腹部肌肉耐力

在这个测试中，需要一个具有60度角斜面的物体或盒子。这个测试来自斯图尔特·麦吉尔所著的*Low Back Disorders by Stuart McGill*（Human Kinetics, 2002）。

要点 这个计时测试可以测量躯干屈肌的耐力。

步骤

1. 以经典仰卧起坐的姿势开始，躯干倚靠在60度的楔形物上。双臂交叉于胸前，保持头部微微抬起，大腿与膝盖呈90度弯曲（a）。

2. 请一位搭档或用椅子固定住训练者的双脚。

3. 准备就绪时，让伙伴将楔形物拉开，距离训练者的躯干约4英寸，并开始计时（b）。训练者要保持躯干位置不变。

4. 尽可能长时间地保持这个姿势。

5. 在训练者背部碰到楔形物时停止计时。

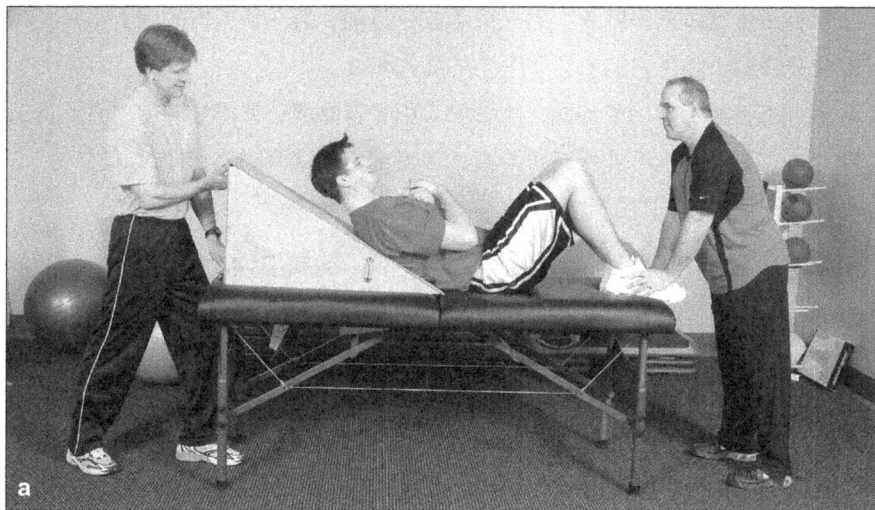

躯干侧部肌肉耐力

这个测试来自斯图尔特·麦吉尔所著的*Low Back Disorders by Stuart McGill*（Human Kinetics, 2002）。

要点　这项测试可测量训练者躯干侧部的静态肌肉的耐力。

步骤

1. 摆出侧桥式姿势并伸直双腿，用手肘支撑身体。

2. 保持承重臂垂直于躯干，另一只手放在体前，置于承重臂的肩上。

3. 交叉双脚，将上方的脚置于下方的脚的前面。

4. 当训练者将臀部抬离地面、从头到脚整个身体成一条直线悬空时开始计时。

5. 当训练者的脊柱不能保持一条直线或臀部接触地面时停止计时。

6. 用另一边重复同样的动作。

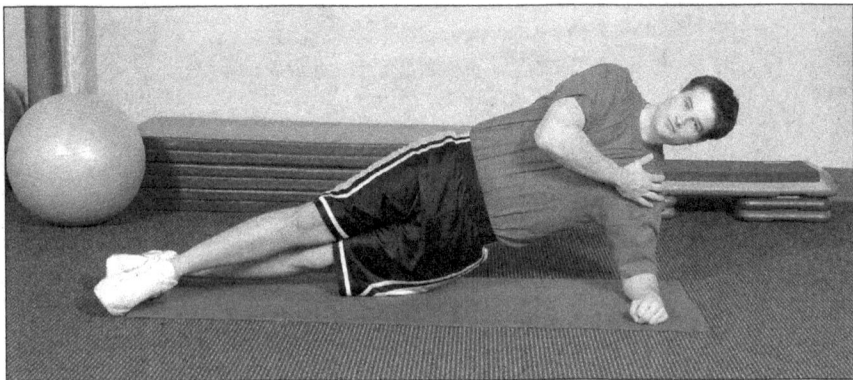

腰部耐力

这个测试来自斯图尔特·麦吉尔所著的 *Low Back Disorders by Stuart McGill*（Human Kinetics, 2002）。这个姿势也叫比尔森·索伦森姿势。

要点 这个测试可以评估背部和髋部伸肌的耐力。

步骤

1. 面朝下趴在检验台或其他牢固的支撑台上。训练者的骨盆、臀部和腿部都置于平台上，上半身从平台伸出。请一位伙伴握住训练者的双脚或用绷带固定住双脚。

2. 双臂交叉置于胸前。

3. 尽量长时间地保持身体挺直并与地面平行。

4. 当训练者不能保持水平状态时停止计时。计时要精确到秒。

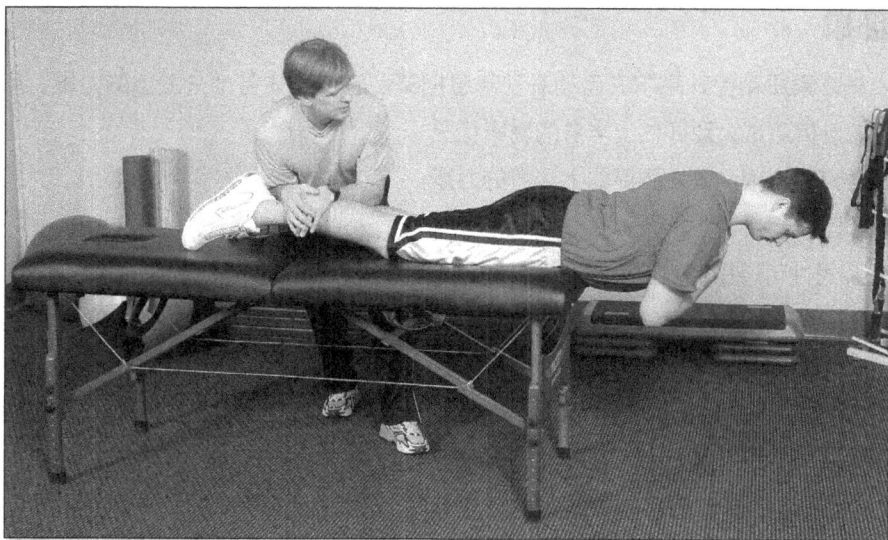

评估　耐力测试可以测出不同肌肉群维持姿势的绝对时间及其平衡能力。肌肉群间的比例不平衡意味着背部有潜在问题，会导致球手运动技能水平降低。绝对值（精确到秒）和比例都可以用来监测随时间而发生的改变，从而评估训练者取得的进步。如果有可识别的问题，那么应该用体检来进行测试，耐力测试是不能代替体检的。但它可以让训练者知道自己躯干的稳定性。

测验解释　如果测试者的比例数值高于以下数值，那么其躯干肌肉的力量很有可能是不平衡的，很容易造成运动伤害或影响运动表现。

躯干侧部肌肉耐力：左侧／右侧＞0.05。

腹部肌肉耐力／腰部耐力＞1.0。

躯干侧部肌肉耐力（左边与右边）／腰部耐力＞0.75。

提示　如果腹部肌肉和腰部肌肉非常弱，请勿在强化这几部分肌肉前做更多的测试或训练。如果测试者感到腰部疼痛，请勿做耐力训练测试。

俯卧撑

身体素质和提升高尔夫运动表现息息相关。感受身体各部分发出的力量，用简单的俯卧撑测试大致评估上半身的健康状况。

要点 这项测试主要评估上半身的力量。

步骤

1. 男性可以做标准俯卧撑，女性可以做膝盖俯卧撑。

2. 在起始动作中，训练者的手与肩同高。在做俯卧撑期间，手肘向肋骨方向靠近。

3. 每一个动作都必须做到位。不断降低身体，直到胸部碰到同伴的拳头或碰到一个卷起来近似拳头宽度的毛巾。

4. 只能在抬起上半身时休息。

5. 将所得分数与表1.1中的分数进行比较。训练者可将这项测试用作体能训练测试。

表1.1 俯卧撑测试结果

年龄（岁）	15~19		20~29		30~39		40~49		50~59		60~69	
性别	男	女	男	女	男	女	男	女	男	女	男	女
优	>39	>33	>36	>30	>30	>27	>24	>22	>21	>21	>18	>17
中上	29~38	25~32	29~35	21~29	22~29	20~26	17~21	15~21	13~20	11~20	11~17	12~16
一般	23~28	18~24	22~28	15~20	17~21	13~19	13~16	11~14	10~12	7~10	8~10	5~11
中下	18~22	12~17	17~12	10~14	12~16	8~12	10~12	5~10	7~9	2~6	5~7	1~4
差	<17	<11	<16	<9	<11	<7	<9	<4	<6	<1	<4	<1

平衡能力与协调性

平衡能力和协调性是正确完成高尔夫挥杆动作的最后两个要素。协调性是指一个关节与两个或多个关节之间的相互作用，从而完成一个熟练的动作，比如正确做出高尔夫挥杆动作。我们用静态平衡测试（也称踮脚单足站立）来评估这些能力。

静态平衡

要点　这项测试能够评估训练者站立时的平衡能力。

步骤

1. 单脚站立（先用向后挥杆时的重心支撑腿进行站立，后用向下挥杆时的重心支撑腿进行站立）。

2. 将测试中未使用的脚依靠在支撑腿的下部。

3. 双手置于髋部。

4. 将测试中未使用的脚移动至支撑腿的膝部以下，保持这个姿势（a）。

5. 抬起支撑脚的脚后跟，并尽可能长时间地保持平衡（b）。双手不得离开髋部，脚后跟不得接触地面。

6. 每条腿测试3次，将最长的一次的时间记录下来（精确到秒）。每次都重新开始，但不能换腿。

评估　如果测试者每条腿保持的时间不超过10秒，则需要加强平衡训练。

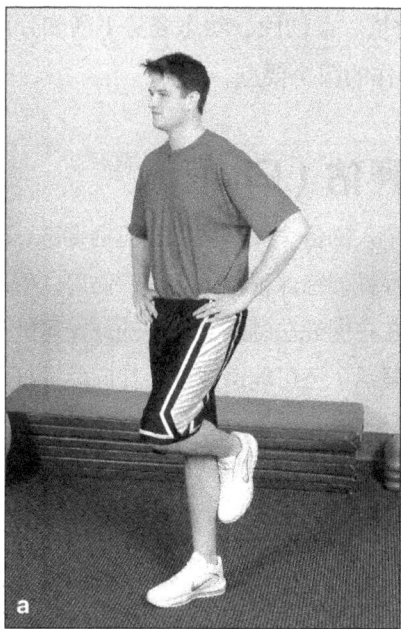

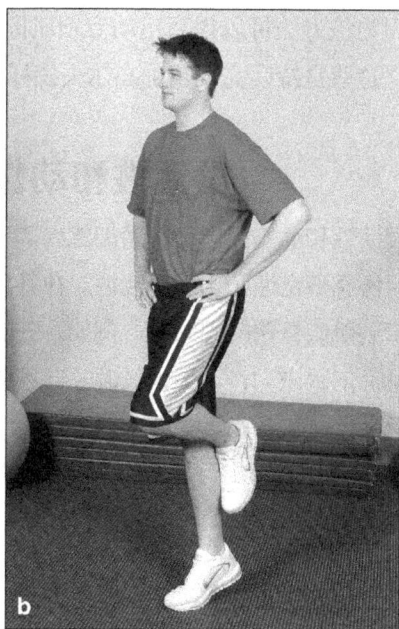

功能性表现能力模型

迄今为止，自我评价只能作为一种基准。建议职业高尔夫球手采用的评估程序涉及一项复杂的评估工具，就是所谓的功能性表现能力模型以及灵活性和动作评估（FME）。虽然这是一种深层评估，但也包含了一些初始评估测试。这个过程相当复杂，球手和他们的体能教练之间的沟通对于提高运动表现是十分必要的。

功能性表现能力模型可用来精准预测训练者挥杆过程中可能出现问题或造成部分力量损失的地方。该模型起初采用了生物力学分析，随后进行临床、结构和功能分析。根据临床评估的结果，鼓励职业高尔夫球手咨询医生或理疗师，实施康复训练计划，或者访问健身专业人士，制定一个个性化的训练计划。

这项训练计划可分为两个方面：针对身体状况良好的高尔夫球手的基本方案，针对不适合高强度训练的高尔夫球手的临床式方案。临床式方案可以加强训练者的灵活性和稳定性。若经过评估发现训练者的身体状况有待提高，那么可以制订一个定制的私人训练计划。所有高尔夫体能训练方案都可以从此方法中受益，因为该方法可以提高运动专项肌肉力量、柔韧性、动态姿势平衡和分段协调能力，这些是持续完成正确高尔夫挥杆动作的四个要点。

灵活性和动作评估（FME）

灵活性和动作评估可帮助训练者测评个人的各个体能要素，包括姿态、平衡稳定性、协调稳定性和功能灵活性。在开始挥杆训练课程前，这项评估可以帮助训练者认识到肌肉骨骼的局限性。例如，无法在右侧或左侧走交叉步的球员可能无法完成击球后的跟进动作，因为其髋关节不够灵活，还可能造成球手在向后挥杆时无法正确承受负荷或扭转身体。

训练者及其朋友可能想在训练场上相互评估。训练者需要有人为其进行评估。详情请看FME表格。

姿 态

站在镜子前面，从后面和侧面观察腰部形态。背部是否平直？臀部是在身体下方还是因为驼背而凸出身体？如果训练者背部平直，臀部收拢，那么姿态即为正常的。圈出您的姿态状况。

背部平直　　　　　　　　　驼背　　　　　　　　　正常

如果姿态不正常，请关注第5章"姿态稳定性核心训练"（第67页）。

平衡与稳定

单腿站立——先用右腿站立，并记下保持平衡的时间。保持10秒才算及格。每条腿测试三次，或到单腿能保持平衡状态10秒就停下。

单腿站立10秒（圈出一项）。

右腿：　　　是　　　否

左腿：　　　是　　　否

骨盆高度——让同伴站在测试者的身后，并将双手放在测试者两侧髋骨的顶部来测量其骨盆高度。将双手置于髋骨并用肉眼观察，同伴能够看出测试者两边髋骨是否等高。将数据记录下来。（临床测量骨盆对称性的一种更客观的方法是使用由迪克·埃哈德设计并由劳雷士公司生产的骨盆测量器。）

圈出您的骨盆状况。

右髋骨更高　　　　　　右髋骨更低　　　　　　两髋等高

如果测试者不能保持平衡状态10秒或两髋不等高，那么第5章的训练可以帮助测试者提高其平衡能力和挥杆技术。

协调稳定性

站姿骨盆倾斜——以正常高尔夫姿势站立并评估骨盆的位置。略微弯曲膝盖，先向后再向前移动骨盆使其倾斜，但身体其余部分不动。如果不能在不移动身体其他部位的情况下倾斜骨盆，那么训练者可能因为肌肉紧张、肌肉疲劳或无法协调运动而受到限制。

能够倾斜骨盆吗（圈出一项）？

能　　不能

交叉步——在保持躯干面向前方的同时，将左脚交叉于右脚前。测试者可能会将右脚转向外侧，或在交叉另一只脚时踏在地上的右脚站立不稳。如果出现这两种情况之一，测试者可能会在向后挥杆或击球后的后续动作中，身体做出其他代偿性动作。观察是否会旋转身体而使脚呈平足姿势。该测试可以说明测试者挥杆时的很多信息。圈出正确的选项来记录结果。

交叉左脚到右脚前时，右脚是否卷向外侧或脱离地面？

是　　　否

交叉右脚到左脚前时，左脚是否卷向外侧或脱离地面？

是　　　否

如果无法倾斜骨盆，建议将第3章、第4章和第6章中的练习纳入整个体能训练计划。

功能灵活性

支撑协调灵活性

髋部-躯干测试——测试者以打高尔夫的姿势站立并将双手交叉置于胸前。测试者的同伴站在其身后并将双手置于其髋部两侧。测试者在同伴按住自己髋部的同时旋转上半身，使肩部旋转，而髋部不发生旋转。如果能在不移动髋部的情况下旋转上半身，说明身体正确地转移或承受了重量。如果髋部向右旋转并把所有的重量都放在左边，说明测试者挥杆技术（尤其是后转身技术）不佳。

无支撑协调灵活性

如果测试者能够自行进行前面的测试，则可以不靠同伴帮助稳定骨盆或髋部来评估最佳协调稳定性。

测试者可以坐着尝试进行这项测试。同伴手掌朝下，将手置于测试者的臀部之下。测试者旋转肩部，如果在旋转过程中让同伴感受到测试者右侧身体的重量压在同伴的右手上，则说明测试者没能通过转移重量来实现完美的挥杆动作。如果测试者想反向旋转，则需要旋转身体并向右侧施压。用身体另一侧重复此动作。

您能在不移动髋部的情况下转动身体吗（圈出一项）？

右边：　　　能　　　不能

左边：　　　能　　　不能

受支撑的髋部——这项测试会评估独立于上半身旋转的髋部或下半身。假设以打高尔夫的站姿站立,测试者摆出向后挥杆的姿势。摆好向后挥杆的姿势后,同伴将左手放在测试者的左肩上前部,将右手放在测试者的右肩后部,来稳定测试者的上半身。当同伴稳定好后,测试者用髋部和下半身发力向前挥杆。确保髋部转动,但不要翻倒或滑动。对两边都进行测试。

未受支撑的髋部——如果训练者能够顺利做出上述动作,那么可以脱离同伴稳定上半身的帮助继续进行测试。

是否正确完成挥杆动作(圈出一项)?

右侧:　　　是　　　否

左侧:　　　是　　　否

是否在挥杆时正确转移重量(圈出一项)?

右侧:　　　是　　　否

左侧:　　　是　　　否

双臂交叉于胸前——以打高尔夫的姿态站立,测试者将手臂移动到身前而不要旋转躯干,保持上半身和下半身稳定,不要绕着躯干旋转。手臂交叉于身前时,注意手肘什么时候会开始弯曲。如果手肘迅速弯曲,则测试者需要加强左肩的柔韧性(见第 2 章"实现全挥杆弧度的柔韧性")。如果测试者有足够的柔韧性,则可以在反方向重复此动作,并继续下一个测试。

能够以正确动作完成测试吗(圈出一项)?

右臂:　　　能　　　不能

左臂:　　　能　　　不能

测试中是否感到疼痛(圈出一项)?

右臂:　　　是　　　否

左臂:　　　是　　　否

颈部——测试者以打高尔夫的姿态站立,头部向右旋转,保持上半身稳定,注意下巴在运动即将结束时所在的位置。重复此动作,将头向左旋转。

　　您能够转动下巴，让它看起来像是在右肩上吗？如果不能充分旋转头部，测试者可能会在挥杆时用另一个肌肉群来发力。这种情况可能出现在向后挥杆时，此时球手需要靠击球获得动力。在向下挥杆期间，球手可能会因肩部和脖颈的柔韧性不足而一直抬头盯着球。

　　圈出两项来记录结果。

　　向右：　　　完全旋转　　　　部分旋转

　　向左：　　　完全旋转　　　　部分旋转

　　如果柔韧性和旋转力不够，建议将第 2 章和第 7 章中的练习纳入整个体能训练。如果颈部旋转力不够，请参阅第 3 章的"上半身旋转"和"下半身旋转"，第 2 章的"站姿靠墙扭动"。如果球手的运动范围不足一半或更低，此训练项目可能会让其受益匪浅。然而，如果训练者的动作范围因为疼痛而受到限制，那么很有可能需要理疗师亲自动手帮其提高运动表现能力。

下一步

　　请记住，自我评估的主要目的是找到肌肉骨骼系统中可能会影响高尔夫运动表现并增加受伤风险的问题。下一步是将测试结果应用于妥善设计的、渐进式的体能训练计划中。一旦训练者拥有了非常健康的身体，就可以用 FME 表格评估其挥杆能力和局限性了。

第2章

实现全挥杆弧度的柔韧性

伍兹的身体素质非常优秀。良好的柔韧性和力量在很长一段时间内奠定了他成为PGA巡回赛中最优秀的年轻高尔夫球手的基础。他出众的身体优势就是其卓越的灵活性。他挥杆的活动范围和旋转速度也极为惊人。与其他大多数巡回赛的职业选手不同，泰格·伍兹很早就开始进行体能训练了，这使他的身体能够适应职业高尔夫比赛的一些特殊要求。他的软组织结构简直就像是专为高尔夫而打造的；而他的许多竞争对手都是在成长期间通过进行其他体育运动来训练的。从遗传学角度也许能够解释造成伍兹具有出色体能的部分原因（他有着与生俱来的、能与专业芭蕾舞演员相媲美的柔韧性），而坚持体能训练无疑加强了他这种与生俱来的能力。

然而，当泰格·伍兹的挥杆变得不稳定时，这种出色的柔韧性又有可能成为一种不利因素。事实上，他曾说过，每当觉得自己挥杆不理想时，他就会缩小挥杆范围以增强控制力。

柔韧性固然重要，但控制自己所需柔韧性的量（即主动稳定性）更为重要。在身体能够控制的范围内挥杆可能是球手应该采纳的最重要的建议。尽管柔韧性必不可少，但如果没能正确挥杆，没有足够的主动稳定性，柔韧性反而会成为球手的不利因素。本章和第3章将从两个角度深入探讨柔韧性。第一个角度是扩大运动范围以获得最佳的挥杆（静态长时间拉伸）。第二个角度是，忽视当前的运动范围限制，尽量为身体营造一个能使其以最佳节奏进行运动的环境，减少打高尔夫时受伤的可能（预先动态热身）。

　　柔韧性被定义为围绕特定关节的有效运动范围。运动范围会受到各种因素的限制，如神经系统中的自主控制和反射控制、肌肉和肌腱的伸展性、关节结构（如韧带和关节囊），以及皮肤和皮下组织等。

　　柔韧性会受到年龄、关节结构和性别的影响。年长者的柔韧性较差，球手在30岁后就能明显感觉到这种变化。其结缔组织保持水分的性能变差（所以它们变得更脆弱），而且发生纤维化。肌肉组织内可能会发生纤维变化：静态和不被使用较其他任何原因都更能使肌肉组织纤维化，所以经常运动的人往往比不运动的人有更好的灵活性。水分减少是身体老化造成的，这一点无法从本质上进行改变。但纤维化可以通过拉伸运动和一般的身体运动来治疗。女性的柔韧性比男性的更好，而年轻人无论男女的柔韧性都比老年人的要好一些。从某种程度上讲，关节结构因人而异。一个人的遗传因素（如泰格·伍兹）可能会使其关节活动幅度较大，从而具有卓越的灵活性。当然，肌肉群本身可能会阻碍某个关节的全方位运动。这就是上半身力量训练对于高尔夫球手来说用处不大的原因之一。

泰格·伍兹在训练课程中表现出卓越的柔韧性和灵活性

进行柔韧性训练，以达到更大的运动范围，并为打高尔夫做好准备。重点是训练结缔组织及肌肉组织。所有的组织都有不同程度的可塑性和弹性。组织弹性越高，拉伸后就越容易回到原来的位置，例如，皮肤就有很高的弹性，肌肉也有很高的弹性，而且具有可塑性，一旦发生变形，就会趋于保持变形后的长度。在肌肉极端紧绷的情况下，新生肌肉细胞可能需要一个渐变的适应过程才能拉长肌肉。增加肌肉弹性可能需要持续几周的每日训练，但这是有可能实现的。打破壁垒的唯一方法是利用被动或主动的训练技巧长期坚持训练。

拉伸的种类

这里会介绍多种拉伸方式。试着了解所有内容，以便采用最佳方式进行拉伸。

两种基本的拉伸类型是被动拉伸和主动拉伸。在被动拉伸中，拉伸力是由运动设备、教练或同伴提供的。高尔夫球手可以借助一些人或物（如重力或机械）来拉伸。

静态拉伸是被动拉伸的一种方式。建议球手进行静态拉伸，以便获得更好的柔韧性并改进影响挥杆的姿势。静态拉伸是被动地保持某种姿势，如将肢体或躯干摆成某种姿势，并通过重力或其他支撑物将身体固定在那里。球手不需要运动肌肉来保持拉伸状态。这种缓慢施加的拉伸力在一定时间内是恒定的。静态拉伸安全易学，是改善结缔组织可塑性的最佳方式。

当高尔夫球手自身发力进行拉伸时，这种拉伸就被称为主动拉伸。换句话说，一个肌肉群被用来拉伸另一个肌肉群。

弹震伸展是主动拉伸的一种方式，包括在运动即将结束时弹跳。因为它存在造成伤害的风险，所以专业健身教练和运动员通常会避免进行这种拉伸。触发拉伸反射会使肌肉更加紧张从而造成损伤，而弹震伸展被用于让肌肉更有力地进行收缩。在高尔夫运动中，当向下挥杆时，球手会将拉伸反射作为预拉伸以增强爆发力。但拉伸反射并不像弹震伸展那样发生在动作即将结束时，因此不会对身体造成伤害。

有一种拉伸方法叫作神经肌肉本体诱发法（PNF），它可以利用人体神经系统的影响来改变肌肉的紧张程度，从而减小肌肉的弹性障碍，使训练者肌肉的可塑性得以改善。实际上，这是一种将被动拉伸与主动拉伸相结合的方法，无论有无同伴，训练者都可以进行这种拉伸。这种方法尤其适用于临床实验。有关使用这3种拉伸方法作为自助工具的详细论述已超出了本书的讨论范围。研究表明，使用神经肌肉本体诱发法改善的柔韧性比其他一般方法的效果只好一些。但训练者可以从治疗专家或教练员那里获得一些使用技巧。

动态拉伸（参见第3章"热身运动"）是一种特定于某项运动的主动拉伸，而高尔夫球手重复练习高尔夫挥杆动作所需的重复运动和流畅动作。虽然动态拉伸也是运动（如弹震伸展），但肌肉没有发生反弹反应。该运动只是让肌肉变暖，从而激活和拉伸肌肉。动态拉伸的重点主要放在肌肉和结缔组织的弹性上。

预拉伸

柔韧性可能是成功挥杆的最重要因素之一，因为它不仅增加了发力的运动距离（球手有更长的运动范围，从而能够尽全力），还提高了预拉伸的能力。研究表明，在活动前拉伸肌肉可以产生更大的力量。在预拉伸时，肌肉会产生弹性反冲，以应用更多的力量来产生更有力的收缩。这个过程被称为肌肉预负荷。

无论高尔夫球手的天赋如何，只有发力肌肉经过良好的预负荷训练，才能做出最有效、最有力的挥杆动作。请注意，预负荷在上杆和下杆时均可使用。通过对动作进行分段排序，优秀的高尔夫球手在下挥杆时先用髋部发力，然后用躯干发力。事实上，从发展爆发力的角度讲，预拉伸甚至比挥杆扭转身体过程中的拉伸运动还要重要。高尔夫球手必须在一轮比赛中多次发出近乎极限的最大力量，所以要利用好一切生物力学方法。

柔韧性与稳定性

平衡性原则是所有功能性运动最重要的一个方面。这种平衡是站立与挥杆过程中柔韧性与稳定性之间的平衡，而不是单腿站立的平衡。如果球手的柔韧性过度，或者无法控制好挥杆期间所需的柔韧性，就会导致失去平衡。另一方面，如果球手的关节僵硬，没有足够的柔韧性使其能够做出有效的高尔夫挥杆动作，那么肌肉就无法获得预负荷，从而导致爆发力不足。这就是高尔夫挥杆动作要求球手把握好柔韧性与稳定性之间的平衡的原因。在肌肉弹性和关节活动正常或异常的情况下，对关节进行积极的肌肉控制，从而获得运动稳定性。

代偿途径

如果没有正常的肌肉弹性或正常的关节灵活度，主动运动会寻找一种方法来完成动作，球手会使用所谓的代偿途径。举个这方面的例子（尽管有些极端），一个脊椎和髋骨都受到限制，躯干不能完全向左旋转的人，在 55 岁时开始打高尔夫，每天都刻苦训练，最终导致左肩袖（肩胛下肌）断裂。因为无法带动全身做正确的（击球后的）跟进动作来消化挥杆的力量，所以他会稍稍停顿一下，并将多余的压力转移到肩膀上（代偿途径），从而导致肩袖断裂（通常仅在严重创伤时才会发生这种断裂）。被当作代偿途径的身体部位因为接管其他部位的工作而饱受 "虐待"，这对它们来说是不公平的。在这个真实的例子中，他 8 个月来一直都在采用这种代偿途径，然后左肩囊被拉伸，肌肉腱被撕裂，最终导致需要做手术。柔韧性训练的目的是增加未充分伸展区域的柔韧性，同时保护代偿途径免受过度的压力。

脊柱及其附属部位是代偿途径的首选地带。如果脊柱不旋转，压力就会转移到肩部和脚踝，或者转移到脊柱的其他部位。如果一名高尔夫球手不能使用肋骨和脊柱腰段交界处进行旋转，为了做出所需的动作，他很可能在挥杆过程中扭伤肋骨和关节。肋骨和关节就是下脊柱部位不能发出扭转力时的代偿途径。

代偿途径会在承受过多力量时消化能量。在补救其他僵硬部位的过程中，代偿途径没有剩余足够的运动范围来适应超出一般活动所造成的压力。该组织的适应能力已达到极限，所以会产生疼痛感并发生破裂。

另一个代偿途径是，由于髋部旋转力度不够，导致下脊柱过度拉伸或脊柱滑动，并随后横向剪切，最终使得背部承担过多压力。在这个例子中，髋部在 "虐待" 脊柱。

如果能在软组织柔韧性和肌肉控制间达到最佳平衡，减少或消除代偿途径，那么会有更多的力量被直接作用于高尔夫上，被身体吸收的力量会更少。

很多人质疑通过拉伸来平衡柔韧性和稳定性的效果。应该拉伸多久？练习多久才能见到成效？停止拉伸后，增强的那部分柔韧性能保持多久？其他问题还包括应该多久拉伸一次，以及拉伸的最佳时间。这些问题的答案有一部分取决于个人喜好，还与个人采取的拉伸方式有关。将各种提高柔韧性的活动结合在一起才能达到最佳效果，这样做可以确保获得更全面的柔韧性，使得拉伸不再是一项经常被遗忘的、无聊的锻炼项目。

体态矫正拉伸、运动拉伸和高尔夫预拉伸之间存在交集，这是因为在大多数情况下，高尔夫球手在开球时存在一系列常见的姿态问题：身体前倾、髋关节过紧、中后背旋转受限、臀大肌失忆以及髋关节伸展不足。通常，大多数人都会有腰脊疼痛问题，更不必说高尔夫球手了，因而高尔夫球手所做热身运动的许多方面类似于棒球和曲棍球，甚至类似于减轻腰脊疼痛的训练。

姿态不到位会给肌肉组织造成压力，引发身体采用代偿途径，从而限制了高尔夫球手应当选择的最佳运动方案。例如，头部前倾会缩小颈部转动范围从而限制向后起杆，如果颈部不能完全旋转，球手只能缩短挥杆幅度，或者在不完全转动颈部的情况下收回球杆。这可能意味着球手会弯曲左臂而做出劈柴式向后起杆，或者会扭曲身体，甚至在挥杆至最高处时晃动球杆。所有问题都是由于下颌无法完全左转造成的，因为在平时的练习中，球手习惯于前倾头部，从而使脖颈的运动范围受到限制。

发球区和练习场不是改变这些坏习惯的好地方，但球手可以通过增强肌肉和关节的机能，从而做出更标准的动作。应当在打球结束后或不打球的那几天进行纠正训练。

在活动前进行动态拉伸（参见第3章的"热身运动"）。在打球后或在其他时间，通过自我评估找出所有僵硬的身体部位，然后进行长时间拉伸。第一周内，训练者就会发现拉伸有了一定的成效，但这只是一种感觉上的提升，并没有真正扩大运动范围。3~5周内，训练者会感到长期有效的变化。在此之后，即使训练者停止前述拉伸训练，只每周拉伸一次，也会保持更好的运动范围。当然，训练者可以每周拉伸两次，也可以每天都拉伸，以便获得更快的进步。

拉伸设备

近些年来，人们开发出了专门用于锻炼柔韧性的设备。一个研究项目对 40 位高尔夫球手进行了研究，对他们在静态拉伸和利用专为柔韧性而设计的设备进行拉伸时的关节灵活性和杆头速度变化进行了比较。有几种拉伸设备（如 BackSystem3、Precor Stretch Trainer、StretchMate 和 Prostretch）可使运动员将身体放在或固定在机器上进行被动拉伸。研究发现，采用静态拉伸的组员的相关柔韧性有所提高，杆头速度获得了极大提高。而采用专业拉伸设备的组员的相关柔韧性并未获得提高，但杆头速度获得显著提高。

研究表明，在专业拉伸设备上保持髋部稳定可能会降低肌肉僵硬度，但不会增加相关柔韧性。这项发现对爆发力的产生有重要启示。提高全身柔韧性可能不比拉伸肌肉链中最紧绷的地方更有效。这个结果也说明，必须在身体机能允许的范围内进行挥杆。这项研究采用的设备是 BackSystem3。尽管专业拉伸设备会使拉伸变得更有趣，但即使没有设备，也要遵循柔韧性训练原则。

特定的长时间拉伸

高尔夫常规拉伸适合用来解决在自我评估中发现的问题。例如，如果球手的腘绳肌腱的运动范围没有任何限制，那么球手就可以预先让一直站立时所用的双腿腘绳肌腱进行放松，在做好准备工作时，这不仅会花费更少时间，更加高效，而且能避免长时间的腘绳肌腱拉伸。如果球手把更多时间花费在提高短板而不是力量训练上，将会取得更大的进步。

几乎所有常规拉伸都包括负重和非负重两种方式。负重时的关节运动会有所不同。最近的研究发现，髋部负重旋转不会产生非负重旋转时出现的问题。关节可能被负重压迫，韧带紧张程度可能发生改变，肌肉作用方式也可能发生改变。为了达到最终的目标、取得最佳的效果，每种拉伸方式都要被运用得恰到好处。另外，训练者在拉伸前做一些热身活动可以获得更多的长期益处。例如，5~7 分钟的快走或是骑单车可以增加肌纤维黏度并减少肌肉僵硬度，使训练者在长时间拉伸后更容易打破肌肉的可塑性障碍。

拉伸参数

持续时间：每次动作或拉伸坚持30~40秒（除了背部滚柱练习）。

重复次数：每个动作重复两次。

强度：缓解在30~40秒时明显感觉到的轻微不适（如果未注意到有释放点，则说明训练者过于紧张）。

频率：每天拉伸可以达到最好的拉伸效果，每周两次的效果比每天拉伸要小两倍。

这本书中有几个动作推荐训练者，通过"推式锁紧扣"方法和"最紧牛仔裤"方法来锻炼腹部肌肉的核心部位。简单地讲，这意味着轻轻地收缩盆底肌：在排尿时停止尿流就会用到这些肌肉。较低的腹部张力是控制骨盆的必要条件。"最紧牛仔裤"训练方法就像在穿了一件非常紧的牛仔裤时自然而然地收紧腹部肌肉一样。更详细的解释参见第7章中的"肌肉意识与腹部收缩"。

长时间拉伸不会立刻造成伤痛，但是每次拉伸后都应当休息一下。

脊柱旋转恢复

90/90侧卧拉伸

要点 伸展中背部、胸腔和胸部。

步骤

1. 侧卧，双膝弯曲90度以上，并用身体下方的手固定身体。

2. 当训练者身体上方的肩部向后仰时，始终将身体上方的手放于胸前（a）。在遇到第一个阻碍时停止运动，这个阻碍应该在背部中间或肋骨处，而不是在腰部。

3. 坚持30秒，然后伸出身体上方的手臂，并伸直身体上方的膝盖（b）。

4. 重复此动作并坚持30秒。换另一侧做此动作。

提示 进行以上训练时，训练者应该不会感到腰背疼痛或背部伸展。如果感到腰背疼痛或背部伸展，则将膝盖靠近胸部并重新开始此伸展动作。如果训练者仍然感到腰背疼痛或背部伸展，那么应该停止拉伸。

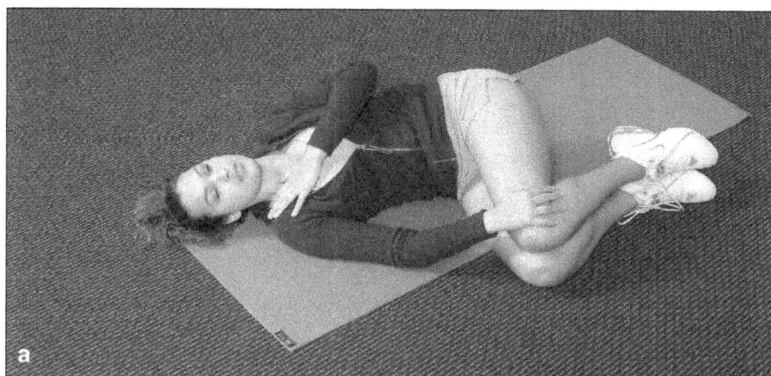

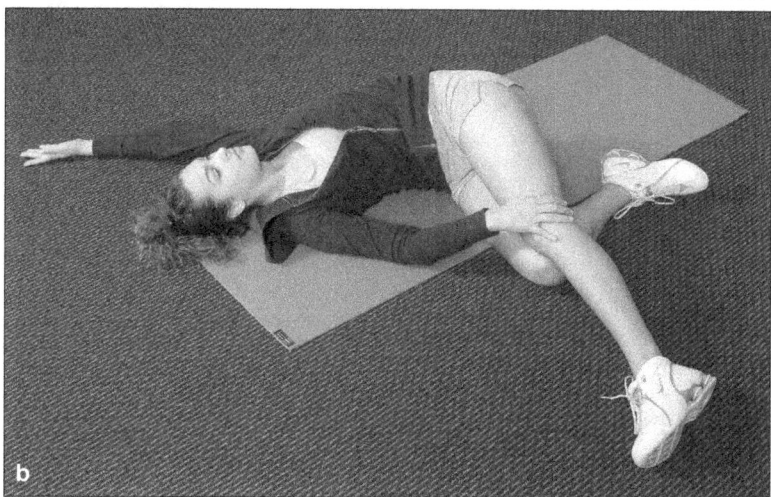

站姿靠墙扭动

要点　伸展中背部、胸腔、肩胛骨区域和胸部。

步骤

1. 以长铁杆击球准备姿势站立在距离墙壁6~8英寸的位置。弯曲手肘，手掌向外，手肘与肩同高。

2. 上身开始向右旋转，直到骨盆或下背部感到紧绷。

3. 开始旋转骨盆。将右手掌放在墙上，头向下，设想在注视着球。将左手也放在墙上，保持该姿势20~30秒。

4. 向左旋转，并重复这一系列动作。

提示 进行以上训练时，训练者应该不会感觉到腰部疼痛或紧绷感，如果腰部感到疼痛或有紧绷感，则稍稍放松拉伸力度。训练者应当感受到肚脐上方的上半身在拉伸。注意施加在转身那侧的脚上的力度。注意经过上半身的那只手臂不需要接触到墙面，只需伸向墙面就好。

伸展中背部和胸腔

下面的拉伸训练会提升旋转能力。

泡沫轴拉伸

要点 单独进行中背部的运动。通过"推式锁紧扣"方法和"最紧牛仔裤"方法来固定腰部，以此确保只有中背部在泡沫轴上做伸展运动。

步骤

1. 躺在地板或垫子上，将4英寸长的泡沫轴放在背部肩胛骨的下方。如果没有泡沫轴，可用一卷浴巾代替。

2. 将双手放在颈后。

3. 在泡沫轴或浴巾卷上拱起背部，同时保持髋部和腰部贴在垫子上。

4. 坚持2秒，放松后再重复伸展2次。

5. 将泡沫轴向上移一点，并重复上述拉伸动作3次。然后将泡沫轴上移并重复拉伸动作，直到泡沫轴正好位于肩胛骨上方。

提示 确保腰部平躺在毯子上，且颈部没有活动。双手可以预防颈部拉伸过度。如果即使保持腰部平坦仍然感到疼痛，则停止此练习。请勿用肩部触地面，当中背部感到紧绷时就保持这个姿势。如果偶尔听到砰砰声不必惊讶。在旋转拉伸前做伸展运动可以达到最佳效果。

腰部屈伸

要点　拉伸腹部肌肉和腰部肌肉，并在一个接一个的动作中训练骨盆的神经肌肉。

步骤

1. 双手和双膝都贴于地面。

2. 髋部朝足部方向向下移动并保持这个动作（a）。

3. 将髋部向前移动，同时保持手肘伸直，让骨盆更加贴近地面（b），保持此动作。

提示　从一个姿态转向另一个姿态的过程中，注意控制动作。

胸部和颈部拉伸

要点 拉伸上背部、颈部和前胸肌肉。

步骤

1. 双手相握并置于背后。

2. 将双手向远离背部的地方移动。

3. 将头转向左边并保持此动作。

4. 回到初始位置,并拉伸另一侧。

提示 双手远离背部的同时,不要让双肩向前移动。

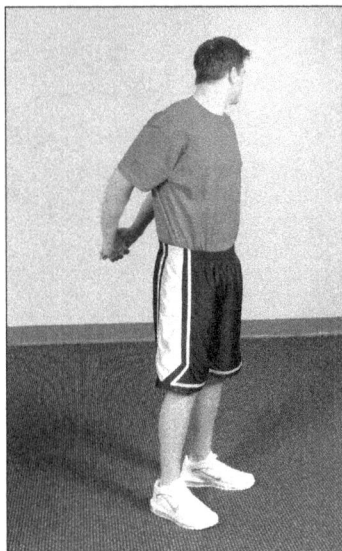

肩部旋转

墙角或门框拉伸

要点 伸展前胸和前肩。

步骤

1. 面向墙角或门框站立。

2. 双臂举起呈90度,将前臂置于形成门框的垂直的两侧,或者面向墙角,将双臂置于相邻的两面墙壁上。

3. 向前迈动一条腿,直到胸部前方感到拉伸。

4. 坚持30秒,并重复此拉伸动作两次。

提示 确保只有胸前肌肉有疼痛感,肩关节没有疼痛感。头部不要朝身体弯曲。

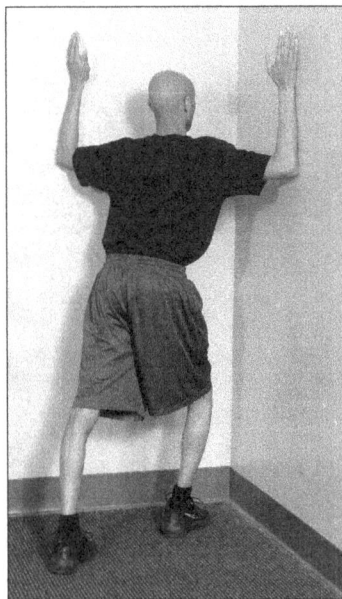

侧卧内旋

要点　拉伸后肩，或让关节有轻微的拉伸感。

步骤

1. 侧卧，弯曲要拉伸的膝盖，并
   将一卷浴巾放在颈部下以支撑
   颈部。

2. 将位于身体下方的手臂弯曲90
   度，手肘保持90度，手指向天
   花板。

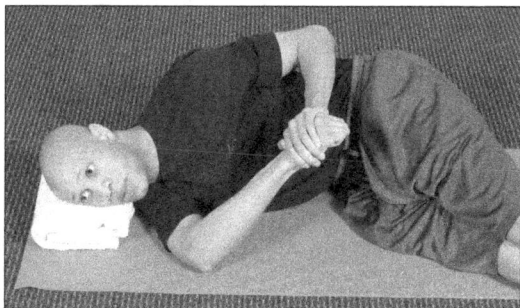

3. 用另一只手握住这只手臂的前
   臂和手掌交界处，并缓慢向下转动。保持此动作30秒，每个肩重复此动作2次。

提示　躺在肩胛骨上，而不是肩上，并缓慢轻柔地移动。

滚球伸展

要点　拉伸中背部、胸腔或胸部，同时利用"推式锁紧扣"方法和"最紧
牛仔裤"方法来固定腰部。

步骤

1. 坐在直径为65~75厘米的瑞士球上。

2. 向前走动，使中背部和头部置于球上。

3. 将球来回滚动6~8英寸，每次滚动都要到达头部为止。

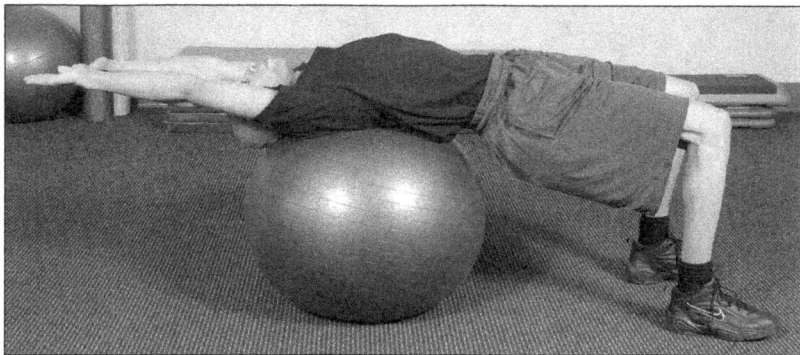

4. 每次保持2~3秒，重复此动作15次。

5. 从球上坐起并站直身体。

提示 保持腹部肌肉处于紧绷状态，以避免下背部过度拉伸。保持头部始终在球上。

▶ 滚球侧弯曲

要点 拉伸肋部侧面；身体贴合球时将肋部朝天花板打开；采用"推式锁紧扣"方法和"最紧牛仔裤"方法。

步骤

1. 坐在直径为65~75厘米的瑞士球上。

2. 将球滚到髋部的一侧，并将上方腿迈向下方腿的前方，做出大踏步姿势。

3. 在球上向外滚动，让球的顶点在肋骨下方并延伸向下臂的凹陷处。

4. 两肩向前滚动时将上臂伸过头部（胸部朝向地面），坚持30秒，然后向后滚动（胸部朝向天花板），再坚持30秒。

5. 换一侧重复同样的动作。

提示 利用好"推式锁紧扣"方法和"最紧牛仔裤"方法，在保持平衡的情况下尽量滚动得越远越好。全程保持手臂前伸。

髋部旋转恢复

仰卧单脚盘腿髋部旋转

要点　臀部拉伸。

步骤

1. 仰卧，双脚置于墙上或门上。用浴巾卷或枕头来支撑颈部。

2. 弯曲双膝和髋关节，形成90度。

3. 交叉右脚并将其放在左膝上。

4. 用右手将右膝从胸膛处推离，直到臀部有轻微拉伸感，坚持30秒。

5. 回到起始动作。换另一只脚重复此动作。每侧重复1或2次。

选择　如果不能躺在地面上，那么可以坐在椅子上，将一只脚的脚踝放在另一条腿的膝盖上，并向前弯曲身体，以达到拉伸效果。但是躺着做这组拉伸动作时，后腰会更加安全。

提示　如果没有感觉到拉伸，可将双手置于左膝下方，并缓慢地将左腿拉向胸口，直到感到臀部有拉伸感为止。在这个过程中，腹股沟不应感到疼痛。

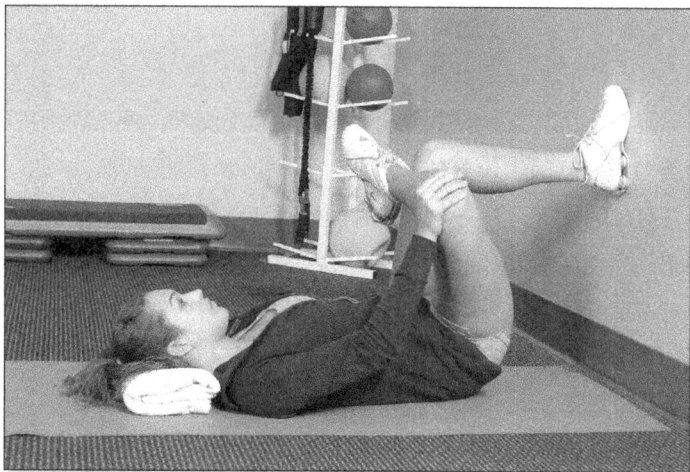

▶ 交叉拉伸

要点　拉伸左侧和右侧腰窝的肌肉。

步骤

1. 平躺，将双脚放在墙上，屈曲髋关节和膝关节，形成90度。

2. 双腿交叉，抓住位于上部的腿的膝盖。

3. 把膝盖拉到胸前，并保持此姿势。

4. 如果腹股沟感到疼痛，则停止动作。

提示　沿着腿自然运动的反方向握住腿。

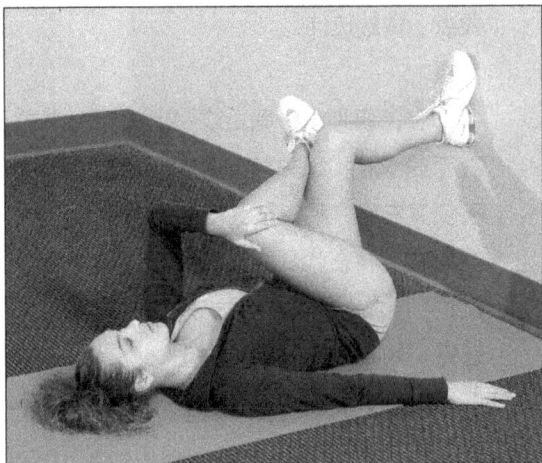

长时间脚尖着地髋部旋转

要点　旋转髋部。

步骤

1. 两脚与髋部同宽站立，双手放在髋部并抬起左脚跟，使左脚脚尖着地。

2. 右脚用力踩在地板上，身体向右转，保持肩部和髋部同时移动。左膝和大腿保持在身体的正下方，并向右侧大腿一侧或前面旋转。

3. 保持躯干垂直于右腿和骨盆。训练者会感受到右髋部外侧的压力。腹股沟或腰部应没有疼痛感。

4. 坚持30~40秒。通过下蹬右脚大脚趾将骨盆转回起始位置。然后转向右侧并保持姿势。重复此动作2次。

5. 用另一侧重复反方向动作。

髋部伸展

跪姿髋屈肌拉伸

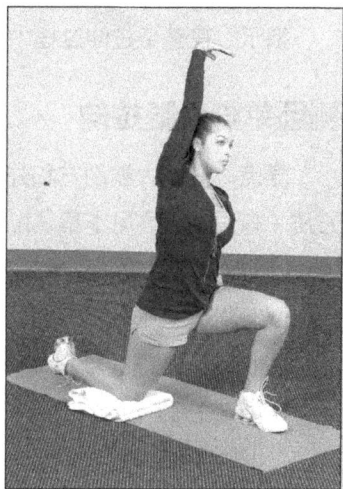

要点　拉伸髋部和大腿前部肌肉。

步骤

1. 右膝放于地面上，呈半跪姿势。

2. 保持右膝与地面接触，身体向前脚方向前倾。

3. 右臂举过头顶，向左侧弯曲上半身并保持该姿势。

4. 在相反方向做同样的动作，以拉伸左髋屈肌。

提示　利用后骨盆倾斜来向上挺臀。如果膝盖有问题不能跪地，可尝试下一组拉伸动作，即登山式伸臂与臀部上挺。

登山式伸臂与臀部上挺

要点　拉伸下方腿的上部和前部的肌肉，同时紧绷同侧的臀部肌肉。

步骤

1. 一只脚平放在长凳或桌子上，膝盖弯曲。

2. 另一只脚直指前方，膝盖尽量伸直。手臂应放在前腿内侧。

3. 将后腿侧的手臂举过头顶，指向天花板，在前俯时稍微倾斜手臂。

4. 在整个拉伸过程中，收紧后腿的臀部肌肉。

5. 训练者也许会感受到上臀部的拉伸，但大多数拉伸感应位于后腿的前部和腿根处。如果感到前腿腹股沟疼痛，可将前腿膝盖向外打开一些，以减轻疼痛。

6. 如果肩部感到疼痛，则停止伸臂动作。

7. 保持该姿势30秒，每一侧重复此动作1或2次。

提示 在整个拉伸过程中一直挤压臀部肌肉有些困难，但至少应该坚持30秒。

侧卧单脚盘腿拉伸

要点 拉伸大腿前方和外侧的肌肉，可以借助"推式锁紧扣"和"最紧牛仔裤"方法（有关说明参见本章"拉伸参数"部分）。

步骤

1. 侧卧，向上收缩膝盖，使身体呈胎儿姿势。

2. 抓住上方腿的脚踝并将脚跟拉向臀部，同时保持下方腿仍然呈胎儿姿势。

3. 将上方腿向后拉，直到大腿前侧有拉伸感。缓慢压低上方腿，直到拉伸感稍稍转移到大腿外侧。

4. 保持该姿势30秒。每条腿重复此动作1或2次。

提示 用浴巾卷支撑头部。在这个拉伸过程中，膝盖不应有疼痛感，如有疼痛感，请在下一次拉伸前咨询医生或理疗师。

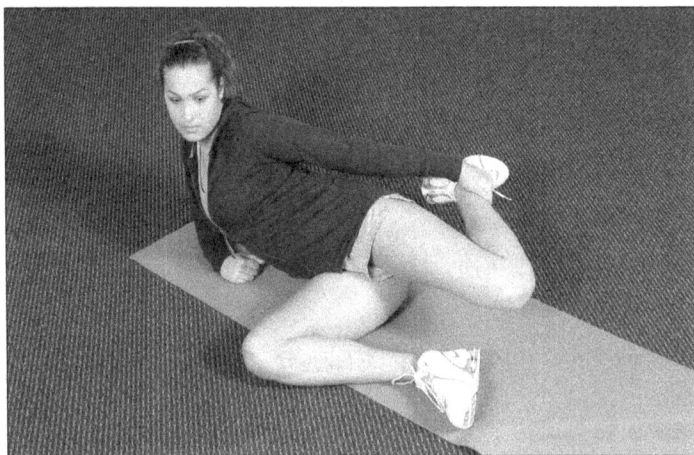

髋部屈曲

以下两种拉伸是互补的，而且可以彼此作为替代选项。如果训练者无法躺下来进行门框肌腱拉伸训练，那么可以进行站姿单腿腘绳肌拉伸训练。门框肌腱拉伸训练的优势是，可以在重力的帮助下稳定腰部，而且很容易做到，无须专注于腰部位置。门框肌腱拉伸训练的缺点是训练者需要躺下。站姿单腿腘绳肌拉伸训练可以在任何地方进行。如果训练者的腘绳肌腱太过紧绷，可以每天尽可能多地做此拉伸训练。

门框肌腱拉伸

要点　拉伸上方腿的大腿后侧肌肉；可能还会拉伸下方腿的腿根和躯干接合处的肌肉。

步骤

1. 仰卧，一条腿穿过门框，另一条腿抬起放在门框上。
2. 尽量让髋部与门框贴合。
3. 双膝尽量伸直，同时放松而愉快地进行拉伸。
4. 保持此姿势30秒，然后换另一条腿。每条腿重复此动作1~2次。

提示　如果腰部感到酸痛，可以将一卷浴巾放在穿过门框的膝下，不用将膝盖伸直。如果每一侧膝盖都有灼烧感，可以弯曲膝盖，直到训练者的腘绳肌有拉伸感为止。

站姿单腿腘绳肌拉伸

要点　拉伸大腿后面的肌肉；可以借助"推式锁紧扣"和"紧身牛仔裤"方法（有关说明参见本章"拉伸参数"部分）。

步骤

1. 站在墙边，用指尖触墙形成支撑。将一只脚的脚跟放在与膝盖同高的椅子或长凳上。
2. 保持负重脚的脚尖向前，挺直腰部，尾骨向外倾斜。

3. 髋部向前弯曲，保持腰部平直，直到大腿骨后的肌肉（不是膝关节后）感到
   拉伸。保持此姿势30~40秒。

4. 用另一条腿重复相同的动作。每条腿重复做两次。

提示 可以弯曲拉伸腿的膝盖，以减轻拉伸腿的疼痛感，同时保持腰部平直。
如果在背部平直且尾骨外倾的情况下站立就已经有拉伸感，则不要向前弯曲髋部。
全程不应有任何疼痛感。

下一步

柔韧性训练是开启所有健身项目的最简单的一个部分。柔韧性训练安全又舒
适，在训练课上或课下都能很快为训练者带来不同的感受。几乎每个人都可从中
受益。

年龄越大，健身就变得越重要，尤其是柔韧性，不但可以加强运动能力，还
可以提高表现能力。请记住，不是所有拉伸训练的效果都是一样的；不同的拉伸
训练会有不同的好处。第3章会介绍一种特殊的柔韧性训练方式，能够帮助训练
者避免伤病和提高运动水平，同时能让训练者直接感受到打高尔夫的乐趣。

第**3**章

热身运动

在了解热身运动时，将其与其他类型的拉伸技巧进行比较有助于了解该运动的有效性。第2章已经介绍了静态拉伸，以及其他拉伸方式的背景和各自功效。热身运动运用了动态拉伸的原理。与静态拉伸相比，动态拉伸能够获得更大运动范围。

在打出第一个球前做动态热身运动的主要原因有两个：一是防止受伤，二是提高表现能力。研究表明，在打高尔夫时，热身运动与肌肉因过度使用而受损之间存在某种联系。10分钟似乎是个神奇的数字。少于10分钟的热身运动不能降低肌肉因过度使用而造成的损伤，而多于10分钟的热身运动与10分钟的热身运动相比，产生的效果是相同的。有时，研究成果会证实以往的经验：加里·普莱尔在20世纪80年代中期就曾建议运动员在打球前做10分钟的热身运动，而直到最近几年各项研究才得出了相同的结论。

在过去5年里，有许多关于长时间（30~40秒）静态拉伸和短时间动态拉伸对表现能力的不同影响的研究发表。大多数研究结果表明，长时间静态拉伸也许会帮助球手扩大运动范围，但也会阻碍球手产生最大爆发力，并会在短时间内降低身体的感知能力。动态拉伸和静态拉伸一样，都会在短期内使球手的运动发生变化，但它不会减少或阻碍发力，反而会在短期内促进发力。事实上，动态拉伸是一种在激发肌肉稳定性功能的同时提高肌肉柔韧性的方式。

动态拉伸是用一个肌肉群去拉伸另一个肌肉群。换句话说，如果将躯干向右旋转，则会在激活右侧旋转肌的同时，拉伸将躯干向左旋转的所有肌肉群。顺畅的、有控制的、重复的、渐进式的拉伸运动是动态拉伸的特点。采用与高尔夫要求的动作类似的热身动作可以达到最佳热身效果。

雷蒂夫·古森在一轮练习中进行击球，热身运动有助于提高表现能力并减少受伤的风险

　　长时间预热拉伸的副作用通常会出现在年龄较大的球手或不经常做拉伸运动的年轻球手身上。不经常做常规拉伸训练或肌肉非常紧绷的球手很容易因做拉伸运动而影响发力。预热拉伸导致球手无法在练习场或整个前 9 洞连续挥杆的现象并不罕见。例如，一位著名的高尔夫职业球手最近晋级到了冠军巡回赛，随后他决定去健身并提高自己的灵活性。他的关节和肌肉极其紧绷（这也是他的挥杆动作发生改变的原因之一），然而，在初次的 15 分钟的柔韧性训练课程结束后，他的身体在整整一周内都没有恢复到健康状态。在那周过后，媒体追问他为何没有继续参赛，他回答："整个上半场我都无法击中球，我再也不做拉伸训练了！"对于高尔夫球手来说，这种感觉一定很糟糕，而高尔夫教练听到这话肯定也不会好受。

　　尽管对于不习惯进行长时间拉伸的人来说，这种不良影响会更加明显，但对于那些经常做拉伸运动的人来说，这可能不是什么问题。长时间的拉伸运动仍然继续发挥着作用，从长远看，它仍是扩大运动范围的最佳方式，但球手应该在不打球的时候、打球前几个小时或是当天打球结束后进行长时间拉伸训练，这样身体机能就可以在夜间得到恢复。

热身运动

　　这一节将介绍10种动作，其中一些只需1分钟就能完成，另外一些用时更短。如果身边有可用的管状物，可以在脚尖点地旋转髋部训练之后，并在宽握挥杆到全挥杆练习之前，加入躯干加速练习（参见第7章"能量传递和技能执行的运动记忆"中的"躯干加速练习"）。总热身时间应为10分钟。建议在这一节的所有训练中加入核心腹部肌肉训练（利用"推式锁紧扣"方法和"最紧牛仔裤"方法；详情参见第2章"实现全挥杆弧度的柔韧性"）。

肩袖肌群激活

要点　用前肩和后肩发力，尽量将身体挺直。

步骤

1. 双手持高尔夫球杆，双臂靠在身体两侧，手心朝上。
2. 紧紧握住球杆的同时试着将双手向两侧分开。保持这个姿势2~3秒。
3. 紧紧握住球杆的同时试着将双手靠拢。保持这个姿势2~3秒。
4. 重复此动作10次，交替做双手分开和双手靠拢的动作。

提示　挺直身体，使两耳位于双肩正上方，下颌微收。

▶ 伸展双臂并呈飞毛腿姿势

要点 给小腹施加压力并伸展胸腔；臂部以下部位顺着躯干的方向伸展。

步骤

1. 将体重均匀地分布在两脚上。双手举高向上伸。双肩不应感到疼痛，如果有痛感，则不要将手臂举到使自己疼痛的高度。

2. 身体向一侧倾斜，然后倾向另一侧，每个方向的弯曲弧度都呈导弹飞出的弧度（所以该姿势又称为"飞毛腿"）。

3. 用力收紧小腹（利用"最紧牛仔裤"方法）并在保持骨盆不动的状态下收紧骨盆底肌（利用"推式锁紧扣"方法），只移动上半身。

4. 下颌微收，双耳位于双肩正上方。

5. 左侧重复此动作15次，随后右侧重复此动作15次，用1秒完成单侧的飞毛腿姿势，再用1秒回到起始位置，按此节奏进行练习，并始终挺直身体。

提示 保持两只手臂到头部的距离是相等的，从而专注于背部中间部位的训练。保持髋部不动。

▶ 风车式

要点 将两只手臂完全向后伸并感到肩胛骨有拉伸感。

步骤

1. 昂首站立（利用"推式锁紧扣"方法和"最紧牛仔裤"方法）。

2. 一只手臂从斜后方向上伸，同时另一只手臂从斜后方向下伸。

3. 每个动作保持2秒，并换另一侧重复此动作。每侧重复此动作15次。

提示 保持头部在肩上方，微收下颌。向后收紧双臂，而不是挥臂。为避免双肩有疼痛感，双肩不要收得过猛。

上半身旋转

要点　在保持骨盆不动的情况下控制上半身的动作，头部保持不动（面向正前方）。

步骤

1. 双脚并拢并将球杆置于双肩上。如果肩部有痛感，则将球杆置于胸前并向后拉手肘。
2. 保持这个姿势（利用"推式锁紧扣"方法和"最紧牛仔裤"方法），向右侧转动双肩，然后向左侧转动。
3. 如果在上半身负重旋转测试（参见第1章"高尔夫体能测试"）中发现自己平衡能力较差，可以在较为僵硬的那侧坚持2秒。每侧重复此动作20次。

提示　在做整个动作的过程中，脸部和腹部始终朝向前方，二者必须保持不动。在重复做每个动作期间，都要有控制地连续地流畅拉伸僵硬部位。如果腰部有拉伸感，则说明训练者拉伸过猛，没有控制好骨盆。

下半身旋转

要点　固定住躯干和头部，有控制地流畅完成骨盆和髋部运动。

步骤

1. 双脚并拢直立（使用"推式锁紧扣"方法和"紧身牛仔裤"方法）。
2. 将球杆置于双肩上，如果肩部感到疼痛，可将球杆置于胸前。
3. 向左侧和向右侧转动骨盆。如果在负重旋转测试（参见第1章"高尔夫体能测试"）中发现两侧骨盆不平衡，则在感到僵硬的一侧坚持2秒。每侧重复此动作20次。

提示　在每次动作时，都要有控制地连续流畅拉伸僵硬部位。如果腰部有拉伸感，则说明训练者用力过猛，可以少用些力。始终保持双肩和头部不动。

▶ 站姿提膝

要点 单腿站立，拉伸被拉伸腿的臀部肌肉，并激活支撑腿的臀部肌肉。

步骤

1. 双脚并拢站立（使用"推式锁紧扣"方法和"最紧牛仔裤"方法）。
2. 将一侧膝盖抬得越高越好。用手抓住小腿，并朝另一侧肩部处抬升膝盖和胫骨。
3. 在收紧负重腿的臀部肌肉时保持平衡，并保持此动作1秒，然后将腿放下。抬起另一条腿，重复此动作，每侧重复10次。

提示 在整个动作中，尽量挺直脊柱。有控制地流畅完成抬腿动作。

▶ 站姿拉伸双腿腘绳肌

要点 保持躯干不动，同时拉伸双腿后部肌肉。

步骤

1. 以开球姿势站立，将双手叠放在球杆或铁棍的顶端。
2. 将膝盖向下弯曲3~4英寸。
3. 膝盖始终保持弯曲，髋关节也向前弯曲，直至躯干与地面近乎平行，同时双臂向前伸并握住球杆。
4. 用大腿肌肉缓缓将膝盖顶直，直到腘绳肌有拉伸感。
5. 坚持此动作2秒，然后放松，并重复此动作15次。

提示 保持尾椎向上且背部平坦（使用"推式锁紧扣"方法和"最紧牛仔裤"方法）。切勿快速向下弯曲，或者屈曲髋关节。如果肩部感到疼痛，可以弯曲手肘。不要让背部有疼痛感。

金字塔弓步

要点 激活前腿的臀部肌肉，同时拉伸后腿前方和上方的肌肉。

步骤

1. 单腿弓步向前。在前腿侧摆出楔形姿势以保持平衡。
2. 弯曲前腿，直到胫骨垂直于地面，同时踮起后脚脚尖。向前收后腿膝盖，使其与肩部成一条直线。
3. 完成弓步姿势后，将后腿侧的手臂和手高高举起，并保持该姿势1~2秒。
4. 回到原来的姿势。重复之前的动作，用另一条腿向前弓步。交换腿练习此动作，每条腿重复5次。

提示 双腿间的距离不宜过大，只要后腿膝盖垂直于肩部就好。如果腰部有疼痛感，则说明后腿膝盖没有在肩部下方。如果膝盖有疼痛感，也不要将腿弓得太低。

脚尖点地转动髋部

要点 拉伸负重脚平面外侧的肌肉。

步骤

1. 双手置于髋部。抬起左脚脚跟，使脚尖着地，左脚脚尖与右脚脚跟间的宽度与骨盆相当。
2. 右脚踩实地面，身体向右旋转，同时旋转肩部与髋部。左膝和左侧大腿始终在身体下方，朝右侧大腿的前方或侧面旋转。在训练者向右旋转时，站在其左侧的人应当能够看到其左侧的鞋跟。
3. 保持躯干与右腿和骨盆垂直。此时右髋外侧会感到压力与拉伸。腹股沟不应有疼痛感。保持此姿势2秒。

4. 用踩实地面的脚的脚尖发力，将骨盆转回到起始位置（抬起脚跟的那只脚最初是用于保持平衡的）。再向右旋转，重复此动作15次。

5. 完成右侧的15次动作后，用左侧重复此动作。左脚踩实地面，抬起右脚脚跟，向左旋转。重复完成左侧的15次动作。

提示 不要使骨盆下坠，使其保持水平状态。如果腰部有疼痛感，则说明训练者肩部和腹部没有同时旋转，且肩部旋转过度，或者没有使骨盆保持水平状态。

▶ 宽握挥杆到全挥杆

要点 流畅地使用全身动作来完成绕髋旋转。

步骤

1. 双手握住铁杆的两端，以打高尔夫的姿势站立，想象脚下有球并盯住它。

2. 上半身摆出起杆姿势，将上半身旋转到向后挥杆位置的3/4处时，注意重心向后脚和髋部转动（a）。

3. 后脚有意识地蹬地发力，同时将力量转移到前脚，上半身尽最大限度地向前脚方向旋转（b）。再迅速转回到起杆姿势。

4. 右手重复挥杆动作15次，然后用左手重复挥杆动作15次。

5. 进行5次常规握把挥杆动作，在下一个动作开始前，在前一个动作上多坚持一会儿。

提示 保持动作流畅，没有间断，但注意不要滑动髋部，而是转动髋部。尽量让手臂放松，感受挥杆时的发力，挥杆时双臂保持平直。

下一步

这套动态热身动作是高尔夫运动所特有的，专为在训练场上或赛前进行训练而设计，但也可以作为力量训练的快速热身运动，甚至可以用它来开始一天的训练（在"宽握挥杆到全挥杆"训练中，双臂应是放松的，并在没有球杆的情况下练习挥杆动作）。对于球手来说，用10分钟来做这套热身运动也许有些困难，但如果不热身，则有可能导致受伤，使球手在数周内的表现能力都受到影响。作为本书的读者，希望您能通过体能训练来提高高尔夫运动水平。尽管如此，将热身运动与训练者的日常训练相结合仍是一项挑战。当球手注意到其运动水平有所提升后，将二者结合起来就会变得更简单。

第4章

为打出最远距离
而进行力量训练

肌肉骨骼系统（即身体的肌肉和骨骼）能够塑造体形，并给予身体力量和能量。人体有206块骨骼，其中头部有29块，胸部有25块，脊柱有26块，每条腿有31块，每只手臂有32块，人体的肌肉共有约650块。骨骼起到塑造体形、保护柔软脆弱的内脏的作用。肌肉是由类似小橡皮筋的弹性纤维组成，成百上千的纤维可以组成一块肌肉。

人体有三种肌肉：平滑肌、心肌和骨骼肌。在高尔夫比赛中，所有肌肉都要发力。平滑肌有时也称为"不随意肌"，由大脑控制。胃部的平滑肌通过收紧和放松将食物送入肠道。人们还发现，眼部的平滑肌可以帮助眼睛聚焦。人们甚至能够在血管中找到平滑肌。

心脏由心肌组成，像平滑肌一样，心肌由大脑控制。心脏厚实的肌肉不断地工作，通过收缩将血液送出心脏，通过放松让血液再次流回心脏。

骨骼肌使人们能够游泳、跳跃、滑雪和奔跑。通过骨骼肌，人们可以从地上捡起东西和遛狗。骨骼肌又叫"随意肌"，是可控肌肉。如果不想快速弯曲双腿去奔跑，双腿就不会弯曲。骨骼肌和骨骼协同工作，形成了肌肉骨骼系统。在想弯曲手臂时，大臂肌肉就会收缩并向小臂发力使其弯曲。当肌肉和骨骼一起作用时，才能做出令人惊叹的动作。

大体上讲，高尔夫是一种慢节奏的运动，与一些快速运动（如篮球、网球、有氧舞蹈或滑雪）有很大的不同。而极具爆发力的高尔夫挥杆动作是一个例外。

该动作会给肩部、肘部和旋转关节施加很大的压力，腰部和髋部也会产生很大的旋转力。如果你的这些部位不够强壮，无法适应这个动作，就会给这些部位或身体的其他部位带来伤害。

尽管你可以在专业高尔夫教练的监督下练习挥杆动作，从而加强髋部力量并减少受伤风险，但你也可以通过一系列提高柔韧性、强化肌肉骨骼系统的拉伸和力量训练来提高挥杆水平，降低受伤风险。随着身体素质的提高，你可以更轻松地使出更大的力量，从而以更流畅的挥杆动作来获得更大的杆头速度。你可以在不强制肌肉发力的情况下使出更大的力量，这对长时间持续发力来说至关重要。

因为肌肉能够伸展和放松，所以达到这个水平是有可能的。精心设计的拉伸练习可以提高肌肉的延展度，从而提高关节的灵活度和运动范围。肌肉有收缩能力，可以在这个过程中产生不同级别的力量。渐进式力量训练能够提高肌肉的收缩能力，从而增强运动力量和肌肉骨骼机能。这种训练有两个好处，一是产生更大的力量，二是更好地避免可能的破坏力量。

通过一系列基础的拉伸和力量训练，你可以在更轻松地提供爆发力的同时更安全地收回挥杆力量。因为这些都是成功且持久地进行高尔夫运动的要诀，所以在开始一项高尔夫训练计划时要慎重考虑。

在所有体育运动中，高尔夫挥杆动作是最复杂、最不自然的动作之一。事实上，为了做出更有效的挥杆动作，你可能需要花很多时间进行练习。但是，你可以更高效地利用一些练习时间进行相应的高尔夫体能训练，以便开发必要的身体机能，从而做出应有的挥杆动作。

力量训练项目

如果刚开始进行力量训练，可以将体重练习和哑铃练习结合起来。自由重量哑铃练习可以提供更好的多样性，还可以估测出两只手臂力量的差异，但该练习需要更多的运动控制，这对于有些高尔夫球手来说是有益的。为了尽可能多地实现目标，应将体重练习、器械练习、辅助练习（弹力管和药球等）和自由力量训练相结合，制订出一个成功的、令人满意的力量训练计划。

威斯科特等人发布的资料称（1999年），在一系列力量和体能研究中，高尔夫球手在经过8周的力量训练后，杆头速度变得更快，这说明其爆发力得到了显著提升。而经过力量训练和拉伸训练的球手取得的进步更大，他们的最大杆头速度都提高了两倍，整体关节灵活性提高了30%。

对于想要获得更高的打球水平、更美的打球姿势、更好的打球感觉并避免受伤的高尔夫球手来说，这些结果是非常诱人的。令人鼓舞的是，所有完成力量训练计划的高尔夫球手在整个高尔夫赛季中都没有受伤。另外，大多数的报告显示，和前几年的赛季相比，球手们的总体水平有所提高，疲劳感有所减少，而且变得更有活力。显然，合理的力量训练对于高尔夫球手和高尔夫运动来说是有益的。

最新的研究表明，每周仅进行两组拉伸训练就能获得90%的益处。对于时间紧、好动的高尔夫球手来说，这是一个好消息。

记住这些好处，下面是针对初始力量训练计划的基本指导。

- 对每个主要肌肉群进行有针对性的训练，从而达到全面而又均衡的肌肉训练效果。
- 完成一定数量的重复抗阻训练。
- 在拉升和下降的过程中，要控制好每次重复动作的速度。
- 只要没有不适感，在做每一个重复动作时都应尽量完全打开关节。
- 每周进行不间断的2~3天的力量训练。
- 每次锻炼都要记录下来，以便监测训练的进展情况，如器械练习和哑铃练习的训练记录卡示例所示（图4.1）。

总体上来讲，力量训练计划会在1到2个月内显著地改变肌肉力量和身体各部位。在初始水平的基础上，经过两个月的训练，球手的负重能力可以提高50%~60%。和进行力量训练前相比，球手会减掉4磅（1磅约为0.45千克）脂肪，获得4磅肌肉，这有助于让球手变得更加健美，感觉更佳，身体机能也变得更强。带有皮脂测量仪的身体成分测试通常能够最准确地测试脂肪和肌肉的变化。球手还会注意到，腿部、手臂和上半身的肌肉变得更加结实，同时皮带变得更松了。

　　建议球手将力量训练计划纳入生活计划，作为其中的一个标准组成部分。即使肌肉力量已经达到了很高的水平，常规的力量训练对于保持体能和表现能力来说也是很重要的。

练习项目	练习重量	重复次数					
哑铃登台阶							
哑铃跨步							
哑铃深蹲							
背部伸展							
仰卧起坐							
扭转仰卧起坐							
哑铃仰卧推举							
单臂哑铃划船							
哑铃侧平举							
哑铃弯举							
哑铃过顶颈后臂屈伸							

图 4.1　器械练习和哑铃练习的训练记录卡示例

热身运动

在进行任何练习之前，必须进行10分钟的呼吸和放松练习，这可以帮助练习者调整呼吸并提高注意力。然后，还要进行20~45分钟的有氧热身活动，如走路、爬山、骑自行车或游泳。在结束有氧热身运动后，花3~5分钟再次将注意力集中在呼吸上，用剩余的练习时间来调整呼吸。控制呼吸也有利于进行接下来的课程。想象自己在击球时应该如何控制呼吸和心率。在对肌肉做了热身后，训练者可能想做静态或动态热身运动。动态热身运动包括一些有或没有辅助设备（如弹性管、滚轮或药球）的活动。静态热身更传统，也更个性化，可以和伙伴一起锻炼，也可以将它作为神经肌肉本体诱发法或单一肌群主动伸展法。

自由重量级训练

哑铃登台阶

要点 股四头肌、腘绳肌、臀大肌。

步骤

1. 手持哑铃，直立在台阶前几英寸的地方。双脚平行分开，与髋同宽。

2. 手持哑铃，手心朝向大腿外侧。

3. 右脚登上台阶，左脚在其后面。走上台阶时呼气。

4. 将右脚放回地面，左脚登上台阶。回到初始位置，走下台阶时吸气。

5. 在整个练习中抬头挺胸，双眼直视前方，挺直腰背。

6. 左右腿互换进行该练习。

提示

● 如果膝盖有疼痛感，可以换矮一些的台阶或结实的盒子，膝盖不必过度弯曲。

● 如果肩部、手臂、手感到不适，可以将哑铃提至肩部，而不是将其放在髋部。

● 如果腰部有疼痛感，可以用"哑铃深蹲"（第57页）替代。

哑铃跨步

要点　股四头肌、腘绳肌、臀大肌。

步骤

1. 手持哑铃，挺直站立，双脚平行分开，与髋同宽。

2. 手持哑铃，手心朝向大腿外侧。

3. 左脚向前迈一步并屈膝90度，使膝盖和脚在同一直线上。向前迈脚时吸气。

4. 撤回左脚，回到初始姿势并呼气。

5. 在整个运动过程中抬头挺胸，目视前方，背部挺直。

6. 左右脚互换进行该练习。

提示

● 如果膝盖有疼痛感或感到有压力，可以稍微向前迈进，以确保膝盖和脚在一条直线上（膝盖不能超过脚尖），或不要蹲得过低，做一个无痛的跨步动作。

● 如果肩部、手臂或手感到不适，可以将哑铃提至肩部，而不是将其放在髋部。

● 如果腰部有疼痛感，可以用"哑铃深蹲"（第57页）替代。

哑铃深蹲

要点　股四头肌、腘绳肌、臀大肌。

步骤

1. 手持哑铃，身体直立，双脚平行分开，
   与髋同宽。
2. 手持哑铃，手心朝向大腿外侧。
3. 向下深蹲直到大腿与地面平行，下蹲时
   吸气。
4. 缓慢抬起膝盖和髋部，挺直身体，回到
   初始姿势并呼气。
5. 在整个运动中，抬头挺胸，两眼直视前
   方，挺直腰背，重心放在双脚上。

提示

- 如果膝盖有疼痛感，则不必蹲得过深。
- 如果膝盖、双脚和跟腱过度紧绷，深蹲
  时脚后跟会抬起。在此时，应抬头挺胸，
  髋部向后向下沉，使膝盖和脚在同一条直线上，脚后跟贴于地面。
- 将哑铃抬高到肩部，缓解肩部、手臂和手的不适，而不是将哑铃放在髋部。

背部伸展

要点　竖脊肌。

步骤

1. 面朝下躺在地毯或地板上。双手放松，置于脑后。
2. 将胸部缓慢抬至约30度，直到腰部肌肉完全收缩。髋部始终贴于地面，向上
   抬起时呼气。
3. 缓慢将胸部放回地面，在这个过程中吸气。

提示

● 如果不能将胸部抬起，则将脚固定在地面上支撑身体，或将双手置于双肩两侧，用手臂协助腰部肌肉抬起身体。

● 如果腰部感到不适，则将身体抬至腰部无疼痛感的高度即可，并将双手置于双肩两侧，协助身体完成抬升动作。

● 为避免和减轻颈部压力，始终放松头部。

高级变化动作 在脑后放置一个负重板以增加阻力。

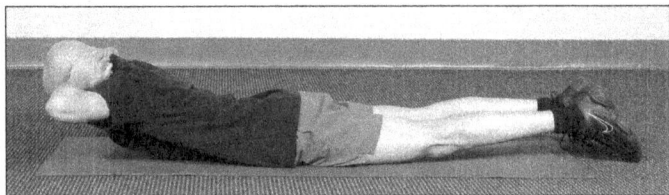

哑铃仰卧推举

要点 胸大肌、三角肌前束、肱三头肌。

步骤

1. 躺在瑞士球上，用头部和双肩支撑身体，膝盖弯曲呈直角，双脚贴于地面，骨盆与膝盖和双肩在一条直线上。在整个运动过程中，保持肩部和头部始终在瑞士球上，双脚始终贴于地面。

2. 握住哑铃，手心朝向前方，举起双臂，直至完全伸展双臂。

3. 缓慢放下双臂，并将手臂置于胸部外侧，同时吸气。

4. 抬起双臂，直至完全伸展双臂，同时呼气。

提示

- 为了减轻肩部疼痛，在每次重复动作中，减少向下运动的幅度，并始终将哑铃抬高到双肩上。
- 如果腰部感到不适，可将双脚置于凳子或阶梯板凳上，以便增加髋部柔韧性并减轻腰部疼痛感。

单臂哑铃划船

要点　背阔肌、肱二头肌。

步骤

1. 左手持哑铃，右手置于瑞士球上支撑身体重量，双膝稍微弯曲（也可以将右手和右膝置于举重椅上）。
2. 将瑞士球放在一个能让左臂伸直的位置，手心朝向瑞士球。
3. 缓缓将哑铃提至胸部，同时呼气。在整个运动中保持腰背挺直。
4. 缓缓将哑铃放回初始位置，同时吸气。
5. 用左臂重复练习多次后，换右臂进行练习。

提示

- 如果肩部有疼痛感，则在整个练习过程中，让上臂紧贴身体一侧，肩部不要下垂。

- 如果腰部感到不适，可以使用举重椅。让膝盖与跨部呈一条直线，手与肩部呈一条直线并支撑背部。每次重复此动作时都应保持肩部水平。

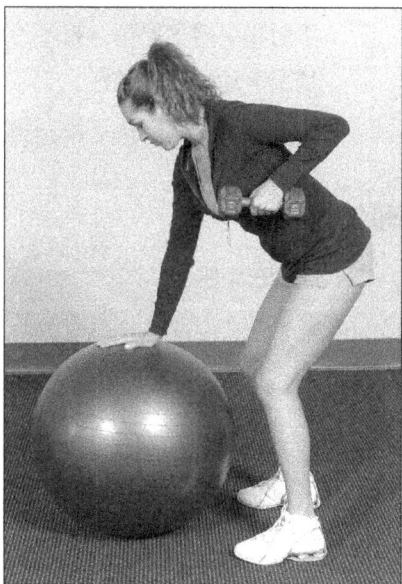

▶ 单臂哑铃瑞士球推举

要点 保持躯干稳定，手臂持续顺畅地运动。

步骤

1. 手持哑铃并坐在瑞士球上。哑铃的重量要适中，以推举15次后，肩部和手臂不会感到酸痛为宜。

2. 迈出双脚时将哑铃提至胸前。将头部和肩部置于球上并做出直桥姿势，同时卷曲身体贴于球上。

3. 滚动躯干，迈动双脚至一侧，使身体在球上并离球中心2~3英寸远。

4. 用外侧的手持握哑铃。

5. 手肘和手臂呈直角，将哑铃举到肩以上。重复此动作15次。在不使球弹起的情况下动作越快越好。

6. 每一侧进行2~3组训练，每组重复15次。

哑铃侧平举

要点 三角肌。

步骤

1. 双手持哑铃，手心朝向大腿外侧，手肘略微弯曲。挺直腰背，双脚分开，与髋同宽（a）。

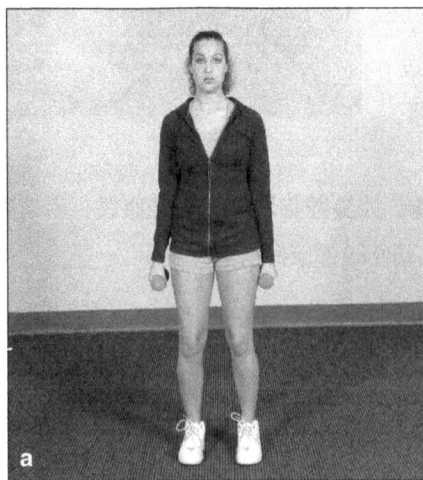

2. 缓慢地将哑铃向上和向外提起，直至与肩平齐，保持双臂平行于地板（b），
　 同时呼气。

3. 放下哑铃，回到初始位置，同时吸气。

提示

● 在上臂与地面平行前，停止上抬手臂，以减轻肩部疼痛感。

● 在每次的重复动作中，保持手腕平直，以避免手腕疼痛。

● 如果手肘有压迫感，可以在运动中稍微放松手肘。

哑铃弯举

要点　肱二头肌。

步骤

1. 双手持哑铃，手心朝向大腿外侧，手臂伸直。在整个运动过程中确保两条上
　 臂垂直于地面，并紧贴于身体两侧（a）。

2. 挺直腰背，双脚平行分开，与髋同宽。

3. 向上弯举时呼气，旋转手腕，直到手心朝向脸部（b）。

4. 缓缓回到初始姿势，同时吸气。

提示

● 在每一次的重复动作中，两条上臂都要始终紧贴于身体两侧，以避免肩部有压迫感。

● 始终挺直腰背，在弯举时避免身体后仰，以防腰部感到不适。

● 手腕始终平直，以避免手腕感到疼痛。

● 如果手肘感到疼痛，可以在推举时减轻旋转力度。

哑铃过顶颈后臂屈伸

要点 肱三头肌。

步骤

1.双手持一支哑铃置于脑后，挺直腰背坐在球上，双脚分开，与髋同宽（a）。

2.向上提举哑铃，直至双臂完全伸展且位于头部上方。在整个运动过程中，上臂始终与地面垂直（b）。

3.哑铃下沉至颈部以下，同时吸气。

4.缓缓抬升双臂，直到双臂完全伸展，同时呼气。

提示

● 如果肩部有疼痛感，可以换用肱三头肌练习器或其他低于肩部高度的肱三头肌练习方法，如哑铃俯身臂屈伸。

● 整个运动过程中都要挺直腰背，背部弯曲幅度不宜过大，以防腰部感到不适。

● 在每个重复动作中都要抬高手肘，使其接近头部。如果手肘有疼痛感，可以降低双臂向下弯曲的程度。

● 手腕始终保持平直，以防感到疼痛。

弹力管肱三头肌训练

要点 保持躯干稳定，感受肱三头肌的张力。

步骤

1. 将弹力管置于高于肩部的门上。

2. 站在门旁，右肩外侧朝向弹力管与门的连接处，左手从躯干前穿过向上抓住弹力管。将其手柄拉至靠近胸部中间的位置。

3. 右手将弹力管的另一边固定在靠近右肩前的位置。给弹力绳的顶部施加压力。

4. 左手向下压并置于体侧。

5. 重复此动作15次后换右手进行此动作。每只手臂完成2~3组动作。

训练者还必须要重视神经肌肉的练习和平衡练习。许多高尔夫球手没有能够将球打得很远的身体素质，但像瑞士钟表一样精准的连续动作使他们能够成功从事高尔夫运动。在本书第7章中，可以找到有关锻炼神经肌肉的信息。动态平衡系统是一项专为训练高尔夫平衡能力而开发的伟大技术，该技术是由一位来自福罗里达州西棕榈滩的名叫丹·戈尔茨坦的理疗师开发的。除临床模型外，他还开发了名叫 Balance Zone 的家用产品。

肌肉记忆

肌肉记忆训练能够帮助训练者激发特定的肌肉。例如，不管承受多大的重量，肩部旋转肌群都必须良好运作，以稳定肩部的挥杆动作，所以激活肩袖肌群是非常重要的。不要一直进行肌肉记忆训练直至感到疲惫，也不要为了增加力量而进行肌肉记忆训练。应当专注于肌肉本身，感受它们是如何运动的。

接下来，应该进行躯干练习，以激活稳定躯干的肌肉。为了维持腰部健康，必须在进行四肢运动前激活稳定躯干的肌肉。否则，腰部会承受过度的压力。可以在第5章或第7章中，选出一些训练动作。

最后，必须激活髋部肌肉来提供坚实的根基。可以从第6章中选出几个重复性动作进行练习。在训练器械（如滑板）上进行动态训练，能够让身体在动态中稳定所有运动部位。

平衡训练

平衡训练很容易被忽略。科技的进步已经表明了平衡训练的重要性。丹·戈尔茨坦的动态平衡系统以及匹兹堡大学医学中心神经肌肉研究实验室的研究结果表明，正常人和病理患者在保持平衡方面都存在缺陷。杰克·尼克劳斯曾说，如果在双脚来回踢高尔夫的过程中找不到重心，训练者可能很难连续踢球。神经肌肉研究实验室展示了髋部和背部有病痛的患者在术前或术后，他们的下半身在受到影响和未受到影响时在不同方向上的平衡力。通过动态平衡系统训练，丹·戈尔茨坦能够展示训练者技能的变化，以及每项运动中每一个动作的变化，这些运动包括高尔夫、射箭、保龄球和射击。所有这些成就都是通过训练身体找到重心位置来获得的。动态平衡系统的平衡区域使得训练者在家中就可以安装DBS临床模型。DBS评估表明，第7章描述的基于弹力管的训练方法的效果和DBS平衡板的训练效果一样，都能够快速影响COG定位（参见第10章）。

稳定性训练

瑞士球稳定性训练是为了提高躯干的稳定性。在高尔夫挥杆过程中，躯干的稳定性至关重要，在整个挥杆动作中，一定要确保脊柱始终位于正确位置。在训练过程中，应当结合上半身和下半身的力量训练，但整个训练的重点是确保躯干始终保持稳定。如果时间允许，还可以在平衡训练结束后进行拉伸运动，仅对在之前运动中感到紧绷或有可能受损的肌肉进行拉伸。

训练计划设计

在过去的几年里，高尔夫球手的力量训练方案有所改变。这些方案中开始包含举重设备、体育器械（如药球）、功能性活动、普拉提和瑜伽等。设计训练方案最重要的一步就是首先确立目标。因为高尔夫运动会给脊柱和髋部施加很大的扭力，所以训练方案必须要考虑到这些因素。另外，因为球手击打球的次数很多，训练方案必须要考虑训练量，以防止发生肌肉撕裂现象。因为不同的训练动作对肌肉力量和耐力的提升程度是不同的，所以制定训练计划对于降低球手的受伤风险并提升其打球水平来说至关重要。不管训练计划如何，一些最佳训练效果都是从类似缩短肌肉、保持肌肉等距和控制肌肉拉伸的计划中产生的。

重复的高尔夫挥杆动作是造成职业及业余球手受伤的主要原因。任何训练计划都要以预防伤害和提高打球水平为目的。

高尔夫训练方案应当对神经肌肉系统进行分段训练，专注于能够帮助球手连续成功挥杆的重要身体机能，其中包括机体柔韧性、高尔夫运动特定肌肉的力量、动态姿势平衡以及各个机体的协调性。安排训练日程时应考虑以下几个因素。

- 赛季的时间。这项训练计划是在赛季还是在非赛季实施？应当专注于主要巡回赛、一般巡回赛、俱乐部锦标赛还是会员嘉宾赛？
- 每周的时间。这项计划是在本周初、职业球手/业余球手日还是周日开展？
- 可用于训练的时间。每周除去其他任务、旅游等，还有多少时间可用于训练？
- 训练量和强度。此时适合打造力量基础（在非赛季）还是适合发展更多力量（在非赛季后期或赛季前期）？
- 负重与非负重。训练者想在训练前期进行负重训练并在后期进行非负重训练，还是在完成很多次击球训练后进行非负重训练？

- 重复性动作与静力锻炼。训练者是否存在因某个动作而会加重的伤病？训练者是否需要通过全方位运动来强化肌肉？
- 目前的健康状况。训练者是否感到疲惫？

结论

本章从宏观角度介绍了训练计划中必须包含的内容。第9章"高级力量训练"包含特定的训练计划，用于实现一年的各个时间段的目标。

第5章

姿态稳定性核心训练

高尔夫体能训练的重中之重是训练和加强来自身体核心部位的力量。强健的躯干在需要运动链的活动中可以将力量有效地从双腿传递至上半身，还可以支撑身体承受力量而不会受到损伤。

一旦整体肌肉力量达到了较高水平后，下一步就是进行合理的核心部位训练来提高姿态稳定性。对于大多数已步入40岁和50岁的高尔夫球手而言，在有稳健腰部的情况下，中背部和胸腔的活动能力就变得十分重要。高尔夫挥杆强化训练中的姿态训练是为了使中背部充分活动，防止腰部因为身体旋转而成为"代偿途径"，然而，如果进行此动作的中背部因姿态问题而导致活动受限，则无法完成旋转动作。腰部的结构本就不适应身体旋转动作（每一个区段只能旋转5~7度），但中背部适合旋转。高尔夫运动涉及身体旋转，但是当过度的旋转力量施加在腰部上时，就会出现腰椎间盘问题和损伤。当中背部充分转动时，挥杆的力量就更容易通过腰部，而且腰部组织不会吸收过多的力量（参见第2章"实现全挥杆弧度的柔韧性"中的"代偿途径"）。良好的中背部活动范围、腰部平衡性和躯干力量对保持正确的打球姿态是必不可少的。

如今，几乎所有具有体能训练意识的职业高尔夫运动员都能从稳定的核心部位中受益。格雷格·诺曼或许是在他那个时代第一个专注于核心部位训练的高尔夫球手。现在的大多数训练计划通常都包括强调核心部位的训练。这些个性化的训练计划包括对上腹部肌肉、腹斜肌还有下腹部肌肉进行的针对训练。加强腰部的训练也是极为重要的，因为姿态的稳定性可以使高尔夫球手在整个挥杆过程中保持合理的脊椎角度。许多高尔夫球手都有腰部病史，所以躯干力量和耐力必须成为训练的重心。好在大多数参加巡回赛的高尔夫球手都是训练有素的运动员，他们的职业规范与其才能相匹配。在问及如何不断激励自己进行练习、康复和训练时，诺塔·比盖是这样回答的："因为我知道在这个世界上还有其他高尔夫球手，或许是更年轻的球手，而且他们一直在尽自己的最大努力来战胜我。"

强壮的核心部位能够有效地将下半身产生的力量传递到上半身，正如图中莱恩·帕尔默展示的强有力的一挥

姿态意味着力量

信不信由你，打球姿态对力量的产生有积极作用。看一看泰格·伍兹的开球姿态，你应该就会相信了。他看起来平衡而又稳定，而且他的脊柱角度很大，但如果他每日的姿态不佳，则不可能让身体摆出那样的开球姿态。没有正确的姿态却希望快速跑步是不可能的。同样地，没有合适的姿态稳定性就挥动高尔夫球杆，是不会获得理想成绩的。功能性的姿态对挥杆动作有很大的影响，能够使击球的力量大得多。做一个简单的示范，弯着身子坐在椅子上，头部向前，举起手臂。然后坐直，重复举起手臂的动作。注意此时手臂举起的轻松度与距离有何关系？再一次弯着身子坐在椅子上，头部转向左侧，如同挥杆后摆时的头部动作。现在使身体向右转动。接下来，身体挺直坐立，下颌内收，腰部略微成拱形。反复重复这些动作，然后确定哪种姿态产生的活动范围更大、更轻松。脊柱可以屈伸、伸展（前屈和后仰）、旋转和侧弯，但是当在一个平面进行动作时，其他平面的动作就会明显减少。所以，如果你头部前倾且弯着身子坐着，中背部处于屈伸状态，随后的任何旋转动作就会被减弱。

身体的结构和姿态具有个性特征，但是错误的高尔夫挥杆动作会导致肌肉失衡，正如肌肉的不平衡会导致不正确的挥杆动作。直到代偿途径导致破坏性的身体问题出现之前，这些失衡问题或许不是很明显。实际上，每个异常姿态在运动中多少都会形成一定的习惯，有些是无害的，但有些会导致力量减小和潜在的损伤。以下是一些常见的身体限制。

- 颈部旋转范围缩小会增加你在挥杆时保持眼睛盯住球的难度。
- 缺乏有效的躯干力量会妨碍力量从下半身传递到上半身。此外，在挥杆过程中无法维持正确的脊柱角度。
- 紧绷的腘绳肌无法完成有力的开球姿态。
- 髋部活动范围缩小会导致挥杆模式低效和腰部疼痛。
- 躯干旋转范围缩小会限制肩部转动，导致髋部和躯干之间发生序位错误，使挥杆平面发生改变，从而引起潜在的背部疼痛问题。
- 肩部力量不足，尤其是肩袖肌群力量缺乏，会导致杆头速度降低，以及不良的减速和低效的球杆控制。

　　许多高尔夫球手认为，这些问题是高尔夫这项运动本身所导致的，所以他们会采取抗炎症治疗和其他快速解决方案。这些或许能够暂时减轻疼痛，但是很少能够真正解决潜在的问题。大部分身体问题都不是突然发生的。40多岁和50多岁的高尔夫业余爱好者面临的最大身体挑战，是他们得应对过去20年养成的姿态习惯。身体已经逐渐适应了不良姿态，而且有些身体部位（如颈部、肩部、后背和髋部）可能被过度使用，以弥补其他部位活动范围的缩小（参见第2章的"代偿途径"）。然而，定期地进行几个简单的训练，就可以改善和保持正确的姿态，从而提高挥杆的力量。第1章"高尔夫体能测试"中的测试会帮助你确定如何集中精力恢复正确的姿态。

　　每次击球时保持功能性躯干姿态的能力是一个可以后天习得的技巧。学习有利的姿态通常是指"保持脊柱角度"。在脊柱稳定的情况下，将脊椎作为一个有效且稳固的杠杆，让力量从下半身传递到上半身，进而传递到高尔夫球杆。通过增加脊柱和支撑脊柱的肌肉的稳定性，可以提高打球成绩。

　　弯曲的脊柱会给腰部肌肉和关节带来不必要的压力，而且会削弱从下半身传递到上半身的力量，导致杆头速度降低。例如，当上背部前屈或弯腰驼背时，肩部和颈部会因为双肩向前弯曲而受到额外的压力，从而导致肩袖肌群（保护肩关节的小肌群）的姿态活动异常。这种不良的姿态会引起肌腱炎、肌肉拉伤和关节扭伤。肩关节吸收了力量，却没有将该力量传递至球杆和球上，肌肉处于动力学劣势，因为肩关节成为了能量的疏漏点。当然，这种姿态还会限制挥杆动作范围。

　　"姿态肌"（保持脊柱角度的肌肉）遍布全身，其主要作用是提供耐力，而不是产生力量和爆发力。这些肌肉的主要作用是保持骨骼系统和关节结构处于正确的序列和位置，这样更大块和更强壮的肌肉能以合适的力量产生理想的身体活动，保持身体处于良好的平衡状态。

平衡能力

　　如果你曾站在圣安德鲁斯的循环球场吹过风，就会知道平衡能力的重要性。平衡能力是高尔夫球手关键的体能要素之一。身体之间的平衡互动体现了一个复杂的通信系统。中枢神经系统掌管平衡能力，主要通过眼睛、内耳，以及关节和软组织中的细小神经末梢（更多信息参见第7章"能量传递和技能执行的运动记忆"）。无论什么时候，当球处于上坡地、下坡地、水平位置或山侧，或者在脚上方或下方，在不完美位置的情况下，平衡能力差的球员肯定不会有漂亮的一击。在这些外在因素下，如果整个挥杆过程中你无法保持正确的躯干姿态，无疑会增加击球失误和身体受伤的可能性。姿态训练的目的是为了在挥杆过程中提高静态和动态的平衡能力，以增强身体的功能性稳定性。

来自芬兰的已故的弗拉迪米尔·扬达是一位受人尊敬的物理治疗师，他把各种肌肉分为两类功能肌群：容易紧绷的肌肉（第72页和第73页图5.1中未用粗体标注的肌肉）和容易虚弱无力的肌肉（第72页和第73页图5.1中用粗体标注的肌肉）。

容易紧绷的肌肉大多和姿态有关，而容易虚弱无力的肌肉是一些有其他功能的肌肉。扬达的研究已经证明，弄清楚在高尔夫挥杆动作时不利于保持令人满意的姿态的失衡问题是极其有益的。你当然想避免失衡问题，这样你的挥杆动作才能尽可能地有力且有效。

强化姿态肌

因为在高尔夫挥杆期间，身体必须以一个整体进行运作，功能性的训练计划应包括多关节的强化训练。例如，肩部的活动会受到中背部的肌肉和关节的影响。同样，髋部受限会影响或导致腰部问题。这就是为什么应该对整个身体进行评估，而不是对某个看似限制挥杆动作的部位进行评估。请记住，完美的姿态是通过灵活性和稳定性的完美结合来创造的（参见第3章"热身运动"）。有助于提高灵活性和稳定性的因素包括力量训练、柔韧性训练、平衡训练，以及动作技能学习。

请记住，每天不良的身体姿态也是导致肌肉紧张和虚弱无力的原因。例如，凹背姿态，也叫作脊柱前凸，与紧张的腰部肌肉、髋部屈肌和虚弱的腹部肌肉有关。后背拱起的姿态，通常叫作脊柱后凸或驼背，与虚弱的中背部肌肉和紧张的胸部肌肉有关。头部和双肩前倾给颈部肌肉、颈部关节、腰部肌肉和腰部关节带来不必要的压力。脊柱侧弯的症状叫作脊柱侧凸，导致后背较短的一侧肌肉紧张，而较长的一侧肌肉虚弱。这些身体异常除了导致整体活动无效，还会影响挥杆的效率。

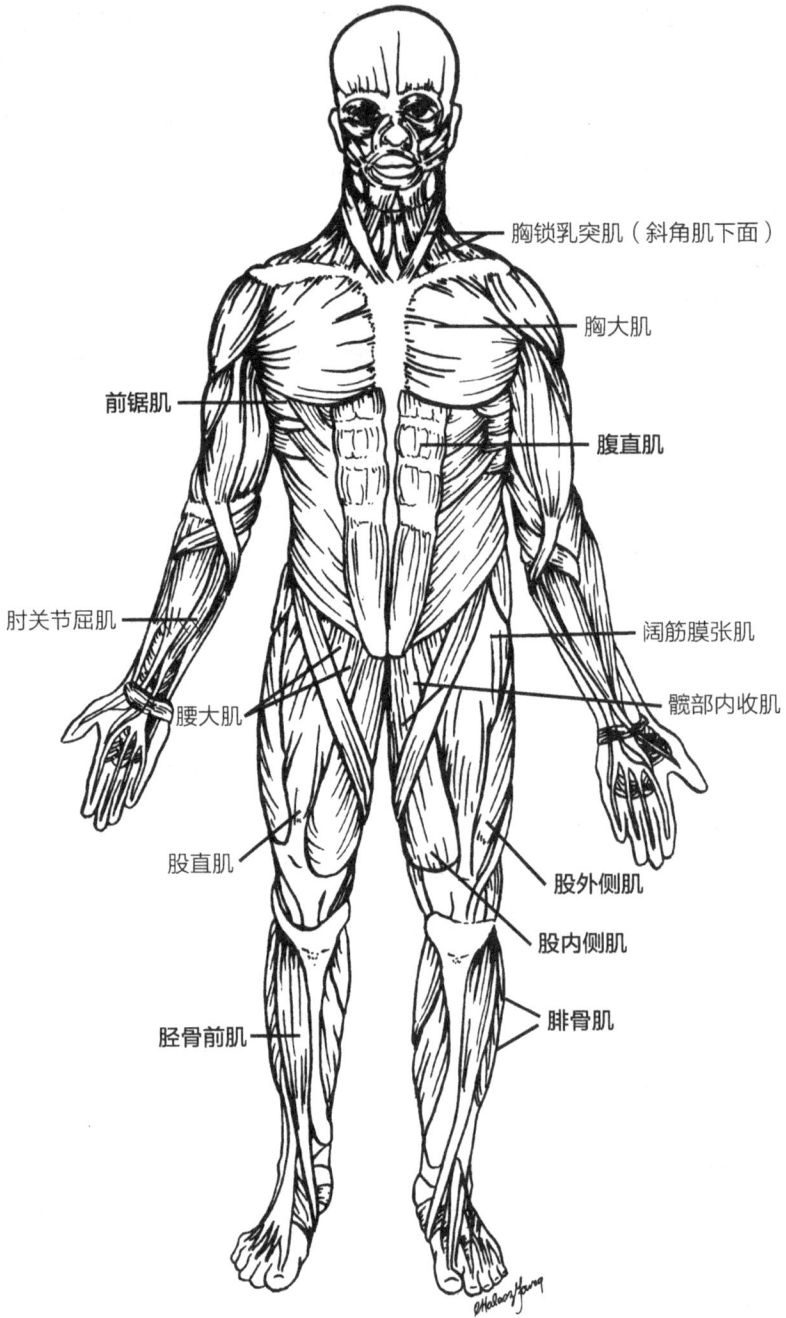

胸锁乳突肌（斜角肌下面）

胸大肌

前锯肌

腹直肌

肘关节屈肌

阔筋膜张肌

腰大肌

髋部内收肌

股直肌

股外侧肌

股内侧肌

胫骨前肌

腓骨肌

图5.1　身体的肌群（用正常字体标注的是容易紧张的肌肉；用粗体字标注的是容易虚弱无力的肌肉）

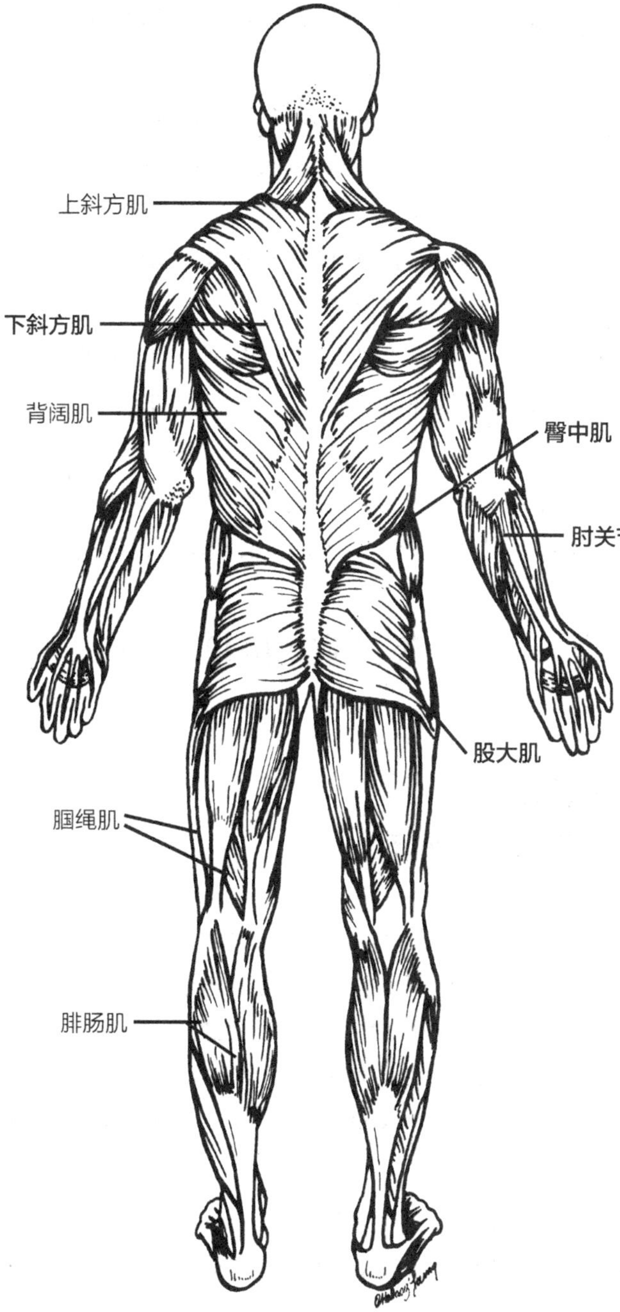

上斜方肌

下斜方肌

背阔肌

臀中肌

肘关节伸肌

股大肌

腘绳肌

腓肠肌

图5.1（续）

无论一项姿态训练计划设计得如何完美，如果不在每天的活动中改进身体姿态和打高尔夫的姿态，就无法取得成功。例如，你每天以头部前倾、耸肩的姿态坐在电脑前工作8小时，然后进行15~30分钟的姿态训练，是无法抵消工作姿态产生的负面影响的。必须改变日常的姿态习惯，这样你的训练计划才能积极而长久地产生作用。计划的实行可能比较艰苦，需要自律，尽管如此，实行计划仍然极为重要。所以无论是坐在桌子前、车里，还是坐在飞机上，练习身体坐直，就像有一根线轻轻地从胸骨处将你向上提起。

传统的身体调整训练通常会忽视姿态肌的加强，但是训练这些肌肉是预防失衡问题所必需的。与主要肌群的训练相比，姿态肌训练的阻力小而且重复次数更多。

以下是腰部和腹部肌肉的基础训练计划。需要牢记的是，在进行连贯的、高效的、安全的高尔夫挥杆动作之前，躯干部位必须具备足够的力量和耐力。

姿态力量和耐力

腹部收紧

更多内容参见第7章。

要点 增强腹部肌肉和稳定躯干。

步骤

这个练习可在所有的训练中采用。

1. 收缩骨盆深处的肌肉（使用"推式锁紧扣"方法），这些是盆底肌群。该动作是为姿态改进和做有力的动作打好基础的关键。

2. 同时，内收腹部下侧的肌肉（使用"紧身牛仔裤"方法）。

3. 只使用你最大力量的20%。这些肌肉就是姿态肌，它们应该以低紧张度24小时工作。

4. 所有训练都应保持这种低紧张度。即使在高尔夫挥杆时，在调整准备时，也应采用这种轻微的腹部收紧动作作为稳定身体的最后一个动作。

提示　为了在每日的活动中更好地训练核心控制力，建议在一整天的行走和打高尔夫时都练习保持腹部轻微收紧。

狗式摇动

要点　当髋部移动时，保持腰部和脊柱位于中立位；无论采用其他哪种训练方式，始终应该首先执行这个动作。

步骤

1. 开始时，双手和双膝着地，骨盆位于膝盖上方，双手支撑于肩部下方稍前的地面上。遵循第74页的步骤，收紧腹部。

2. 首先像拱起背的小猫一样拱起你的腰部，然后让腰部下沉（就像一个吊床），形成最大的一个弓形，并找到上、下两个点的中间点。

3. 手臂用力使髋部向后移动至双脚的上方，同时在尾椎骨自然向下内收之前，尽可能长时间地保持腰部与地面平行。

4. 运用臀部肌肉将身体推回起始位置，同时保持你的尾椎骨向上和背部位于中立位。

5. 以流畅的、可控制的方式重复进行此动作15~20次。

提示　在大腿靠近骨盆时，如果出现夹痛感，则缩小活动范围。在身体向后推动时，想象脊柱正变得更长。

▶ 飞鸟狗式

要点　运用这个训练促进平衡能力，强化臀部肌肉、腰部肌肉和腹部肌肉。

步骤

1. 双手和双膝着地，使髋部位于膝盖正上方，双肩分别位于双手的上方。

2. 根据第74页的步骤，收紧腹部肌肉（使用"推式锁紧扣"方法和"最紧牛仔裤"方法）。

3. 收紧臀部，一条腿向后伸直，同时保持腰部处于水平位置。

4. 抬起另一侧的手臂，身体前倾，保持20秒。

5. 身体两侧交换做此动作，每侧保持20秒。每侧重复8~10次。

提示　如果肩部或手腕存在任何使你很难完成飞鸟狗式运动的问题，则用下一个练习替代：俯卧抬腿运动。如果在多次尝试后，仍然无法控制骨盆，那么在回到手臂和腿的组合练习之前，进行2组手臂上举练习。

俯卧抬腿

要点　增强臀部肌肉、腰部肌肉和腹部肌肉。

步骤

如果肩部或手腕有问题使你无法完成飞鸟狗式运动，那么可以进行以下练习。

1. 收紧腹部肌肉（使用"推式锁紧扣"方法和"最紧牛仔裤"方法）。

2. 俯卧在地面上，前额放在重叠在一起的双手上。可以在腹部下方放一个枕头来给予支撑，尤其在你躺下感到腰部疼痛的时候。

3. 收紧臀部，一条腿抬离地面6~10英寸。

4. 身体保持静态，维持20秒。

5. 用另外一条腿重复进行此动作。

6. 每条腿重复8~10次，双腿交替练习。

提示 收紧抬起腿那一侧的臀部肌肉，有利于提供更大的稳定性，稳定髋部活动。

注意 在该训练期间或之后，不应感到腰部疼痛。如果感受到疼痛，可以在腹部下方放一个枕头。如果疼痛持续不退，请不要再做此练习。

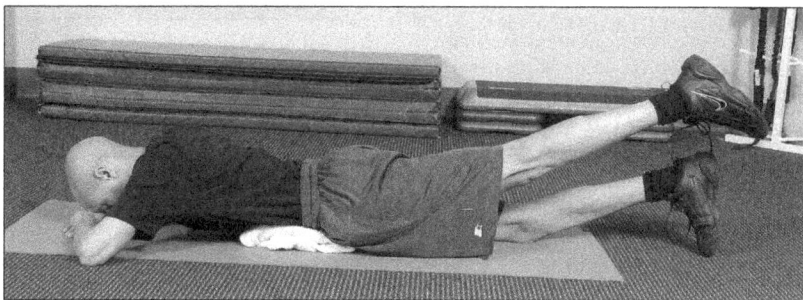

坐立推墙

要点 以稳定的躯干进行胸部扩展。

步骤

1. 以后背靠墙的方式坐立在地面上。

2. 双脚朝腹股沟内收，双腿朝两侧向外下沉。

3. 骨盆向后倾斜，使靠墙面的后背部平贴在墙面上。

4. 双臂靠在墙上，双肩和双肘弯曲90度。

5. 沿着墙面缓慢上举手臂。保持背部挺直。

6. 当后背开始要离开墙面时，停下来，保持此姿势。

　　提示　保持腰部推靠在墙面上。面部与躯干在同一个垂直平面上。如果无法完成推墙动作，可以做投降动作。

▶ 投降动作

　　要点　提升中背部的力量和灵活性，同时可以对等收缩腰部。如果无法完成坐立推墙，可以进行该项练习。

　　步骤

1. 仰卧在地面上，双膝弯曲，双脚平放踩地，面部与天花板平行。更高级的姿势是靠墙坐立或站立，双膝弯曲直至腰部可以贴靠墙面。脸部和躯干保持在同一个垂直平面上。

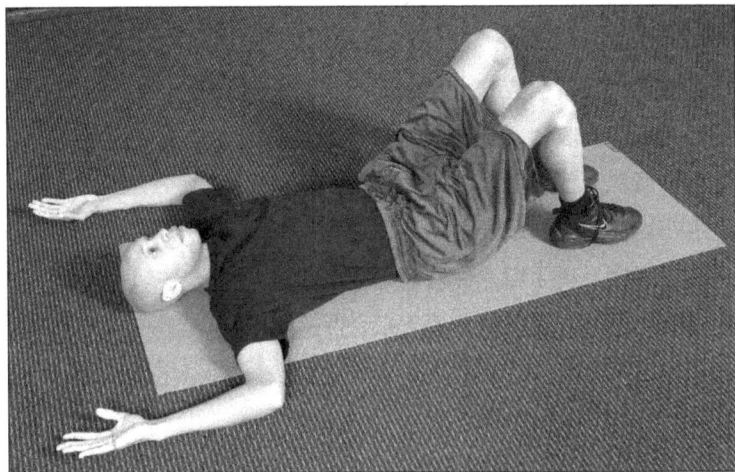

2. 双臂分别从两侧抬起90度，手肘弯曲90度。以手腕为主导，把双臂朝地面（墙面）推，同时推挤两个肩胛骨。

3. 通过保持腹部收紧和下侧肋骨朝骨盆方向降低，保持腰部一直贴靠地面或墙面。如果无法通过收紧腹部使腰部贴靠地面，则将一条腿的脚踝交叉放在另一侧的膝盖上来获得帮助。

4. 下颌朝内收，确定面部与天花板（或墙面，如果站立）平行。如有必要，可在头部的后面放一块折叠的毛巾。

5. 保持5~10秒，重复此动作5~10次。

提示　要使手腕贴靠在地面上，但此动作可能需要花费一些时间（或者由于肩部或中背部特别僵硬而无法完成该动作）。但是不要为了使手腕下沉而改变脊柱姿态。

侧卧双腿上举

要点　增强腰部深层肌肉。

步骤

1. 侧卧，收紧腹部（使用"推式锁紧扣"方法和"最紧牛仔裤"方法）。

2. 下侧的手放在头部下面以支撑头部。上侧的手放在腰部前侧几英寸远的地方，保持身体平衡。

3. 双腿同时向天花板方向上提2~4英寸，保持1秒后，缓慢放下双腿，然后在保持腹部收紧的情况下再次迅速抬起双腿。每侧重复此动作10~15次。

提示　在这项训练变得容易后，支撑平衡的手可以移开，将前臂放在骨盆上进行该练习。

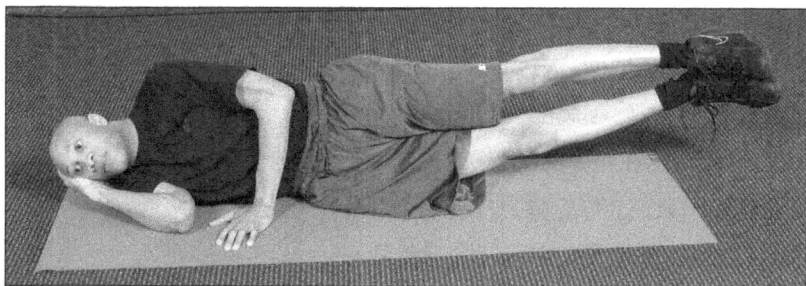

▶ **坐立旋转**

要点 上半身躯干坐直旋转。

步骤

1. 坐在瑞士球上（使用"推式锁紧扣"方法和"最紧牛仔裤"方法），双膝弯曲，双脚分开，略微比肩宽。

2. 双手握住一个2~4磅重的药球或哑铃，在胸部高度上伸直手臂。

3. 花15~30秒的时间，不停顿地以顺畅中速向左转动肩部和躯干。

提示 胫骨应保持与地面垂直，躯干应保持挺直，并在骨盆上方保持平衡。不要过度旋转，以免腰部感到疼痛。想象自己正坐在一个钟表的中间位置，12点方向位于你的前侧，6点钟方向位于你的后侧。转动幅度控制在10点到2点的范围内。

▶ **稳定调整**

要点 腹部收紧，以站直的姿态保持骨盆水平。

步骤

1. 直立，两脚分开约与髋同宽，在胸部高度的位置，双手握住一个2~4磅重的药球或哑铃。

2. 左脚保持踩实地面，右脚跟离地，身体向左转动，双肩和髋部一起移动。左膝盖和大腿保持在身体的正下方。

3. 保持躯干在固定的左腿上方直立，以及骨盆维持水平位置。你可能会感受到左臀外侧有压力或拉伸感，但是腹股沟或腰部不应感到疼痛。如果感到疼痛，则缩小旋转范围。

4. 保持这个姿态，从胸部位置伸直手臂把球推出去，保持平衡，并保持骨盆处
于水平位置。做15~20次缓慢且可控的推球动作。

5. 换另外一侧在反方向重复进行此练习。

提示　身体80%~90%的重力应位于稳定于地面的腿和脚上，你的躯干应保持
在稳定腿的上方直立，而且骨盆保持水平。因为疲劳和习惯会引起身体向弯曲的膝
盖方向倾斜，或许需要不断调整骨盆的水平位置。如果在整个过程无法保持骨盆水
平，建议停下来进行下一个训练。

姿态力量

侧桥式

要点　增强侧面腹部肌肉和腹部下侧深处肌肉，以及肩胛带肌肉。

步骤

1. 侧卧，用下侧的前臂支撑起身体。

2. 上侧的脚位于下侧脚的前侧，保持双腿伸直与躯干成一条直线。

3. 收紧腹部（使用"推式锁紧扣"方法和"最紧牛仔裤"方法）。

4. 双脚和双肩用力推，把骨盆抬离地面，从脚到肩部身体成一条直线。手肘和
前臂用力推垫子，确保肩胛骨可以活动。保持该姿势2秒。

5. 放松后，重复此动作10~15次。

6. 换另一侧重复此动作，在最高位置保持2秒。进行10~15次练习。

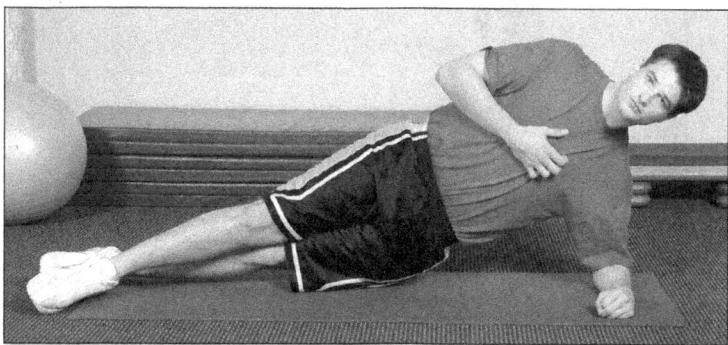

提示 如果感觉身体的某一侧更弱一些，那么这一侧进行2组练习。如果肩部过于无力以致无法支撑身体，或患有背部疼痛，可以让膝盖弯曲90度后进行练习，保持两条腿与躯干成一条直线。更高级的变式动作是：在进行基础的动作后，保持上半身的姿势不变，骨盆朝地面向前转动，然后回到原来的位置。重复此动作10~15次。

▶ 转体动作

要点 增强腰部肌肉和腹部肌肉。

步骤

1. 坐在地面上，躯干挺直，双膝弯曲以避免腰部拱起；但要保持使用"推式锁紧扣"方法和"最紧牛仔裤"方法。
2. 在身后放一个4~10磅重的药球（如果无法扭动身体去触碰身后的球，可以把球放在身侧）。
3. 扭转身体至一侧，用双手握住药球。
4. 握住药球后，身体快速扭转到另一侧，把药球放在身后。
5. 每侧重复10~12次。

提示 在练习期间或之后，下腰部不应感到疼痛。如有疼痛感，则应将该练习放在常规训练3周之后进行。

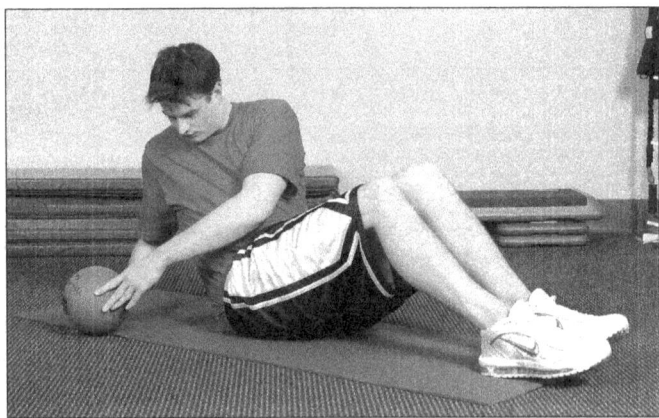

俄罗斯转体仰卧起坐

要点　加强腰部肌肉和腹部肌肉。

步骤

1. 仰卧在地面上，头部撑地，双膝弯曲，双脚踩地。

2. 在胸部上方举起一个较轻的哑铃或药球。

3. 进行卷腹运动，让肩胛骨抬离地面。在保持躯干稳定的情况下，双脚向一侧
   转动，然后转向另外一侧。

4. 向身体两侧转体结束后，平躺下来。

5. 每侧重复12次。

提示　使用"推式锁紧扣"方法和"最紧牛仔裤"方法。

快速拉绳

要点　保持髋部和膝盖不动，腹部收紧；保持击球准备姿态。

步骤

1. 把一个有弹性的拉力绳（如Istant Replay训练带）固定在一个稳定的物体
   上，使得当你以铁杆击球准备姿态站立时，拉紧拉力绳的双手与拉力绳在同
   一水平线上。

2. 收紧腹部。双手位于最靠近拉力绳固定位置的大腿前侧，在完成初始姿态时确保只有轻微的紧绷感。

3. 将三角形顶端从一条大腿的前侧拉到另一条大腿的前侧时，以中背部为轴移动，保持双臂形成推杆时的三角∨形。

4. 当以直线拉动三角形顶端的时候，保持移动快速且顺畅。只有上半身发生移动，保持击球准备姿态。

5. 每侧重复40~50次。

提示 双腿和双膝保持完全静态状态，骨盆不要移动。模仿泰格·伍兹的击球准备姿态。如果腰部肌肉有疼痛感，则停止该训练。

弓步转体

要点 腹部收紧，身体不要晃动，保持躯干挺直。

步骤

1. 双手在胸前握住一个药球或哑铃，然后弓步，前腿的胫骨与地面垂直，后腿的膝盖位于躯干正下方。

2. 朝前腿的侧边转动球，手肘伸直。眼睛看向前方。

3. 在带药球回到中间位置时，保持弓步姿态。

4. 保持弓步姿态重复该动作15次，然后交换双腿，用另一侧重复此练习。

提示 保持身体稳定的同时尽可能快地移动药球。前腿的胫骨不要晃动或移动。

躯干分离旋转

要点 腹部收紧，将骨盆上方的躯干作为一个整体进行移动。

步骤

1. 直立，在拉力绳末端使用一个肩带环。拉力绳的一端固定在胸部中间位置高度的稳定物体上。面朝固定点，让左臂穿过肩带环，以便使肩带环位于左肩后侧。向左转一圈，使拉力绳缠绕身体一圈，从你的左侧伸出来。

2. 两手分别握住高尔夫球杆的两端，拉动球杆贴靠在你的胸部上，以使用1号木杆的击球准备姿态站立。使用"推式锁紧扣"方法和"最紧牛仔裤"方法。

3. 双肩朝右侧转动，保持1秒后向左转，然后立刻回到右侧并保持该姿态。

4. 拉力绳固定在右肩时重复12~15次，固定在左肩时重复12~15次。

提示　保持骨盆最小限度地转动和活动，尽量保持静态。如果因为背部疼痛而无法让骨盆保持静态，则让骨盆旋转至疼痛感消失的位置即可。旋转范围不重要；如果训练得当，上半身不会旋转很大的范围。

在第7章中用到了相同的方法，不同的地方是肌肉会更加紧张。如果你正在进行第7章的运动控制训练，你可能想省去这个练习；但这个练习对改善姿态很重要。

无负担的训练计划

如果长时间打高尔夫，那么你的脊柱可能已经有很大的压力，可以考虑加入无负担的姿态训练来作为补充训练。也就是说，当你在站立或坐立时，使压迫脊柱的力量最小化。即使在没有进行主要练习或没有比赛的日子里，也应该每周进行一次无负担训练中的某些练习。无负担训练计划是为躯干肌肉提供一个安全的、影响最小的训练方法，且不会影响预期训练效果。在水池中进行有氧运动也是对身体产生损伤最小的一种健身方法。除了以下训练之外，在无负担训练中还可以做侧桥式、飞鸟狗式和投降动作。

无负担训练计划

仰卧起坐

要点 腹直肌。

步骤

1. 仰卧在垫子或铺有地毯的地面上。双膝弯曲,双脚平放在地面上。双手放松地放在头部的后面,使颈部保持中立位。

2. 呼气,上提肩部。双肩缓慢抬离地面大约30度。

3. 吸气时,肩部下落至地面,回到起始姿态。

提示

- 为了减轻腰部的不适感,可将双脚向臀部靠得更近一些,增加髋关节的弯曲度并减小腰部的弧度。

- 为了预防或缓解颈部扭伤,整个练习过程中都应保持头部位于中立位。

高级变式动作 在头的后侧握住一个负重板来增加阻力。

仰卧起坐并转体

要点　腹直肌、腹外斜肌、腹内斜肌。

步骤

1. 仰卧在垫子或铺有地毯的地面上。双膝弯曲,双脚平放在地面上。双手放松地放在头部的后面,以保持颈部位于中立位。

2. 双肩缓慢抬离地面大约30度,直到腹部完全收紧。呼气,身体抬起。

3. 在卷起身体后,向右转动身体躯干,就像用左肘去触碰右膝盖。每次卷腹起来,左右交替进行转体。

4. 吸气时,缓慢将双肩下落至地面上,回到起始姿态。

提示

● 为了缓解腰部的不适感,把双脚向臀部靠得更近一些,增加髋关节的弯曲度和减小腰部的弧度。

● 为了预防或缓解颈部扭伤,在整个练习期间都应保持头部位于中立位。

● 如果感觉肩部有压力,在卷腹起来之后,整个躯干稍微转动,而不是过度转动双肩。

高级变式动作　在头的后侧握住一个负重板来增加阻力。

双膝左右运动

要点 增强腹部前端肌肉和腹斜肌。

步骤

1. 仰卧在地面上，头部撑地，双膝弯曲，双脚平放在地面上，双臂分别向身体两侧伸直，身体形成一个T形（手掌朝下）。

2. 弯曲的双膝向胸部抬起，至尾椎骨位于离开地面的腰部的上方。收紧腹部。

3. 随着双膝向一侧移动，双膝保持弯曲，双脚靠拢，然后向另一侧移动。

4. 在双膝左右移动时，运用肌肉力量将双膝向胸部不断拉近。

5. 开始练习时，为了保护腰部，缓慢将双膝向侧边下落至离地面一半的距离，然后快速回到中间位置，然后向另外一侧缓慢下落。

6. 每侧进行10~15次。

提示 如果腰部感到疼痛，是因为转动范围太大，或者目前该练习对你来说有难度。

独轮推车式

要点　稳定背部肌肉和躯干肌肉。

步骤

1. 双膝着地，两前臂靠在一个瑞士球上。保持背部笔直和腹部收紧。

2. 双膝抬离地面，前臂支撑在球上，身体略微向前推进，保持躯干的稳定。

3. 保持此动作至少5秒。

4. 开始练习时，每次保持5秒，重复10次。逐渐将保持时间增加到30秒，重复5次。

提示　躯干不要下垂或弯曲。如果没有瑞士球，可尝试进行平板支撑。

前臂平板支撑

要点 加强背部肌肉和躯干肌肉。

步骤

1. 俯卧于地面上，双肘于肩部的正下方，前臂贴在地面上，双手向前。

2. 收紧腹部，脚趾用力向上抬起身体（a）。

3. 保持这个姿态，然后一条腿抬离地面（b）。放下该腿后，抬起另外一条腿。

4. 确保身体成一条直线，没有下垂。

5. 一条腿抬起保持5秒，双腿持续进行10次。逐渐将保持时间增加到30秒，重复5次。

提示 使用"推式锁紧扣"方法和"最紧牛仔裤"方法，抬起每条腿时使骨盆的转动范围最小化。

单膝跪立下砍

要点　加强肩部肌肉和躯干肌肉。

步骤

1. 把拉力绳的一端固定在一扇门的高处。

2. 采用单膝跪立的姿态，远离绳的一侧的腿跪地（a）。

3. 用力拉拉力绳。腹部保持收紧。

4. 两个大拇指相对，双手朝胸部方向拉拉力绳。保持双肘不下落，让两个前臂处于同一平面。

5. 当双手到达胸部的时候，向侧边推拉拉力绳。

6. 从一侧的肩部上方至胸部再到腰部以下，朝向臀部方向，该运动成一条斜对角线（b）。

7. 每侧进行12次。

提示

- 如果身体的一侧比另一侧弱，则在弱的那一侧进行2组练习。

- 保持靠近固定点的膝盖屈曲90度，且不要让其向另一侧膝盖方向倾斜。

▶ **单膝跪立上举**

要点　加强肩部肌肉和躯干肌肉。

步骤

1. 把拉力绳的一端固定在门的低处。

2. 采用单膝跪立的姿态，靠近拉力绳的一侧的腿跪地（a）。脊柱保持中立位，腹部收紧。

3. 两个大拇指相对，双手把拉力绳朝胸部位置拉。保持双肘不下落，让两个前臂处于同一平面。

4. 当双手到达胸部时，上提拉力绳使其远离身体。

5. 从腰部下方至胸部再到肩部上方，朝向肩部的方向，该运动成一条斜对角线（b）。

6. 每侧进行12次。

提示　如果身体的一侧比另一侧弱，则在弱的一侧进行2组练习。

靠球单腿桥式

要点 增强躯干肌肉和臀部肌肉。

步骤

1. 躺在瑞士球上，使肩胛骨位于瑞士球的顶端，双手放在臀部。为了保持平衡，可以根据需要选择让身体靠近墙面，或者用手指接触地面来提供支撑。

2. 双膝弯曲成90度，双脚靠拢在一起，腹部收紧。

3. 从头部到膝盖，保持身体成一条直线。然后伸直一条腿，保持5秒。

4. 以一种可控方式练习该动作，保持身体稳定。

5. 每侧练习10次，双腿交替进行。

提示 因为对于大多数人来，这是一项严格的训练，可以用指尖接触地面或手扶身旁的墙面来维持平衡。

下一步

　　增强从核心部位到四肢的肌肉力量非常重要。在高尔夫挥杆过程中，躯干的力量和稳定性对于维持脊柱角度至关重要。躯干的稳定不仅有助于预防损伤，还是高尔夫动作技能的一个重要部分。想要顺利地调节神经系统来反复执行相同的挥杆动作，需要对身体的不同部位进行不断调整。如果脊柱角度因一次次挥杆而发生变化，这是因为你的躯干肌肉虚弱无力，使你无法重复最佳的挥杆动作，也无法保持球杆位于一个平面。通过加强和稳定躯干肌肉，就能获得连贯有效的挥杆动作。

　　在建立稳定的姿态基础后，通过掌握协调的挥杆练习动作，你就可以将高尔夫运动提升到下一个水平了。第6章"通过肩关节和髋关节训练获得稳定上杆"将向你展示如何控制双肩和臀部来避免受伤，以及如何为实现第7章中训练的最大化建立基础。

第**6**章

通过肩关节和髋关节训练
获得稳定上杆

稳定的上杆动作要求在稳定躯干的基础上旋转身体，同时双臂在稳定的躯干上进行挥杆动作。为了实现这个目标，髋部和肩部必须在必要的时候展现其灵活性和稳定性。

肩袖肌通常是肩部的旋转肌群。不过，与髋部和肩部相比，肩部区域有许多明显的相似之处。

髋关节与肩关节对比

髋关节和肩关节都属于球窝关节，都有一个关节盂唇、一个关节囊和许多肌肉围绕。肩关节的主要作用在于运动性，而髋关节的主要作用在于稳定性。两者的主要区别是，髋关节是一个承重关节。

肱二头肌的短头好比髋屈肌的腰大肌，其长头好比股四头肌的腹直肌。臀中肌好比与肌肉活动有关的三角肌，或与功能有关的肩胛骨稳定肌。髋部的腰方肌可以比作上斜方肌；髋部旋转肌可以比作肩袖肌群。肱二头肌可以帮助肩部保持动态稳定，然而，当髋关节前部肌肉表现出不稳定时，髂腰肌或许会变得更加结实，这很可能因为髋关节前端或其拉动路线有问题。臀中肌的作用是帮助稳定骨盆，如同肩胛骨稳定肌为肩关节的活动提供基础一样。在肩袖肌和三角肌力偶较差的情况下，腰方肌上提髋关节，和上斜方肌上提肩关节一样。髋部的深层旋转肌会作用于髋关节，肩袖肌以类似的方式维护肩关节的稳定性。正如肩袖肌群的虚弱无力或疲劳会导致肩关节盂唇撕裂（软骨），髋部肌肉的虚弱或疲劳与很多高尔夫球手髋关节盂唇撕裂或许也有一定影响。

肩袖肌训练计划

稳定的躯干肌群在整个挥杆过程中都至关重要，在第5章"姿态稳定性核心训练"中有详细说明，但是，如果无法控制肩袖肌群，成绩还是会受到影响，并会增加受伤的风险。然而，只有上半身和下半身能够分别单独（分离）移动，才能获得最佳的挥杆效果。无论是在肩袖关节训练计划中，还是在髋关节训练计划中，髋关节和骨盆与肩胛骨和肩关节都应该进行单独（分离）活动训练。这种分离活动有助于正确行为运动的发生，并确保被训练的肌肉位于产生力量的最佳位置。髋关节或肩关节活动范围受限会导致其他部位进行补偿运动。补偿运动可能发生在各种不同的平面和位置，这取决于双脚是否着地。例如，髋关节内旋转不足的高尔夫球手会通过身体移动或腰椎侧弯在额状面获得更大的旋转范围。臀中肌虚弱无力的高尔夫球手，当他们试图稳固后腿时，可能会下垂前侧的臀部或移动后侧臀部（绝对的特伦德伦堡步态）。无论是灵活性问题还是稳定性问题，髋关节和肩胛带复合体都对高尔夫挥杆运动连接系统起重要作用。

训练要领

训练包括3个平面的活动：额状面（从左到右）、矢状面（从前到后）、横断面（旋转）。

训练要涉及等长、向心和离心运动这3种运动模式。所有处于自主控制的肌肉（例如，心脏是一块非自主控制肌肉）在某一时间会按这3种模式进行运作，所以每种模式的训练都必不可少。

等长收缩运动通过增加肌肉张力（而不是移动骨骼）来稳定关节。如果你尝试把载着你的两个强壮的高尔夫球友的高尔夫球车举起来，当你对保险杠施力时，你的全身就会产生极大的张力，但是高尔夫球车和你的身体都不会移动。等长收缩使其他可以活动的骨骼形成稳固转体。等长收缩的作用是在挥杆时也能维持脊柱角度。

　　向心收缩是指通过肌肉收缩以使一根骨骼从 A 点移动到 B 点。在上挥杆的起始阶段，在身体张力大量增加之前，腹斜肌和一些肩部肌肉（其实也包括其他肌肉，但这些是主要肌肉）以向心收缩的方式启动使球杆远离球的动作。用肱二头肌进行哑铃臂弯举就属于向心收缩运动。

　　缓慢落下哑铃是离心收缩运动；身体运用离心运动来控制向心肌肉的拉力和动力。在早期的随球动作到完整的随球动作期间，左侧的胸部（胸大肌）和部分左肩袖肌群用力收缩，使臂骨和肩部在加速挥杆击球后放慢动作。如果没有足够的力量去吸收和控制挥杆冲力带来的力量，那么就很可能会拉伤和损伤前导肩的前侧肌肉，因为没有很好地将臂骨控制在关节内移动。

　　灵活性、稳定性和挥杆序位要求制定个性化的训练计划。在高尔夫挥杆动作时，双脚主要保持稳定在地面上，请注意第3章"热身运动"的所有筛查检查。上半身、躯干和下半身存在相关性和依赖性。如果高尔夫球手的某个部位受限，那么其他部位就会出现问题。花点时间来了解一下胸腔活动受限或髋部转动受限是如何引发你的肩部问题的吧。

　　这项训练计划包括一个渐进式的活动量。典型的肩袖康复计划起初不使用哑铃，或者只使用1磅重的哑铃，然后逐渐将最大重量增加到5磅，只要训练时没有疼痛，症状没有恶化或出现代偿活动，每周可以增加1磅重的负重。每周进行3~5次训练，每次重复15次，进行2组训练。如果无法完成2组15次的训练，则说明训练量太大了。一定不要用错误的姿势反复进行多次训练，在保持姿势正确的情况下收获最佳效果。

髋关节训练

侧卧旋髋

要点 强化髋关节旋转肌。

步骤

1. 侧卧，双膝弯曲至大约60度。

2. 双腿之间放一个小枕头或卷起的毛巾。

3. 把靠近天花板方向的腿向上旋，保持1秒。

4. 数2秒，然后将该腿放下。重复10~15次。

提示 在外旋腿的时候，保持上半身不动。如果转动上半身，则无法感受到髋关节的转动。

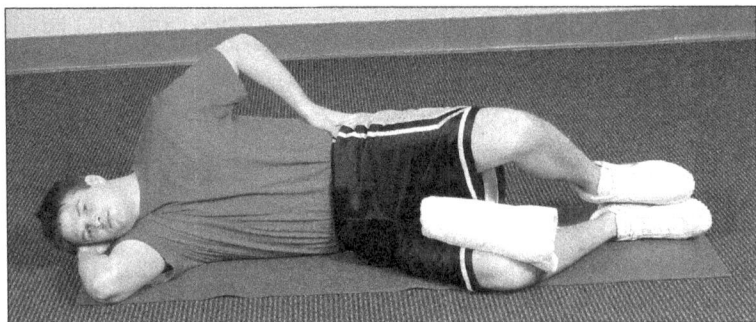

侧卧髋关节弯曲

要点 在矢状面上运动，把髋部运动与骨盆运动分开。

步骤

1. 侧卧。

2. 贴靠地面的腿沿着地板向上移动，保持骨盆不动。

3. 该腿向上移动，直到该侧髋关节弯曲成90度。

4. 保持该姿势1秒，然后回到起始姿势。

5. 重复10次，然后换另外一侧做此动作。进行1或2组训练。

提示 在进行该练习时，学习保持躯干的稳定性。关键是确定在没有骨盆向后或向下晃动的情况下弯曲髋关节。

火烈鸟式

要点　以负重姿势站立时，激活臀中肌。

步骤

1. 站在一个与腰部差不多高的台面前，如柜台面。

2. 将手指尖放在柜台面边缘的下侧，手掌朝下。这种放置手的姿势不需要你用手抓握柜台来保持平衡。

3. 一条腿站立，激活臀中肌，骨盆保持水平。

提示

● 如果发现很难保持骨盆水平，开始训练时可采用双脚站立，然后前后移动你的重心。

● 如果觉得该训练太容易，可将没有着地的腿放在站立腿的脚后跟后面。抬起的脚从向外到向内的方向移动。

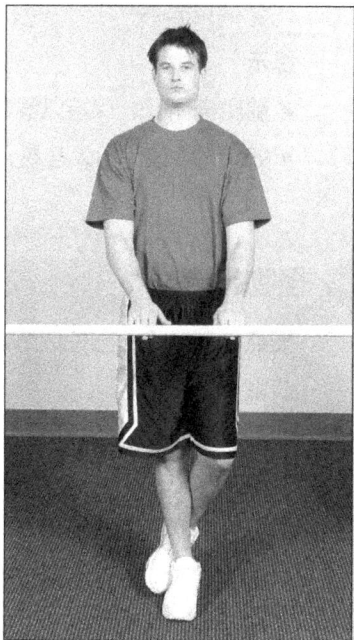

▶ 单腿硬举

要点 激活髋带部位。

步骤

1. 直立，双臂向两侧伸直使身体成字母"T"的形状。

2. 以髋部为轴，用一只脚着地来维持平衡，身体向前倾，直到上半身与地面平行。双臂保持向两侧伸直。

3. 将一只手向下转向至手臂垂直于地面，保持1~2秒，然后换另一只手。

提示

● 前屈身体时，保持以髋部为轴。很容易无法保持姿势，而变成弯腰驼背姿势。

● 如果觉得该练习太容易，可将手放在脚的前侧后，旋转身体。双眼随手而移动。

▶ 怪物行走

要点 在额状面方位训练髋部和核心部位的稳定性。

步骤

1. 双脚分开，与肩同宽，以挥杆前准备姿势站立。在双脚的前端套上一个迷你带。

2. 在背后用双手握住一根长高尔夫球杆或传力杆，球杆触碰你的头部、中背部和尾椎骨。用一只手在颈部后侧抓住球杆或传力杆，另一只手在腰部位置握住球杆或传力杆。

3. 收紧腹部，向一侧以1英寸的步伐移动双腿，保持迷你带的紧绷。用脚后跟引导动作。横向行走6~10英尺，然后返回。

4. 保持躯干不动，确保头部、中背部和尾
　　椎骨一直触碰着球杆。

5. 移动5圈。左右等长移动各1次为1圈。

提示　更换迷你带，或者将迷你带缠在脚踝
上而不是脚上，以此减少阻力。

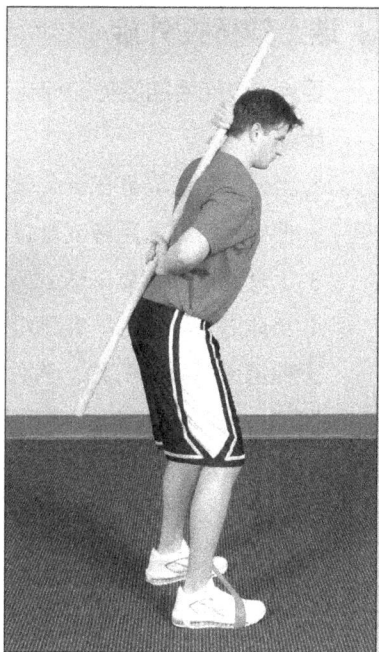

悬垂抬腿组合运动

要点　发展髋部屈肌和躯干稳定肌的等距
收缩和动态功能。

步骤

1. 双臂放在衬垫上，以双腿悬起的姿势开始。

2. 进行10次膝盖弯曲成90度的动作。

3. 紧接着把弯曲成90度的膝盖抬起靠近胸
　　部，重复10次。

4. 然后即刻进行10次伸直膝盖动作，同时
　　保持髋关节弯曲成90度。

提示　在移动双腿时，注意稳定躯干。

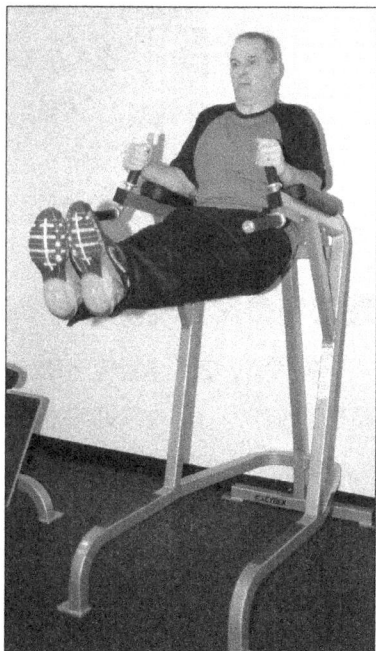

▶ 瑞士球桥式外旋

要点 以闭合的姿势训练旋转肌群和躯干稳定肌。

步骤

1. 上背部和双肩靠在一个瑞士球上，臀部离开地面几英寸。

2. 把橡皮带或医用橡皮管缠在大腿上。

3. 上背部保持贴靠在球上，进入桥式。

4. 身体进入桥式后，双腿对抗迷你带的阻力进行外旋运动。

5. 保持该姿势1~2秒，然后放松。重复此动作15~20次。

提示 在试图对抗迷你带阻力进行内旋双腿运动时，保持躯干处于水平位置。躯干不要下沉。

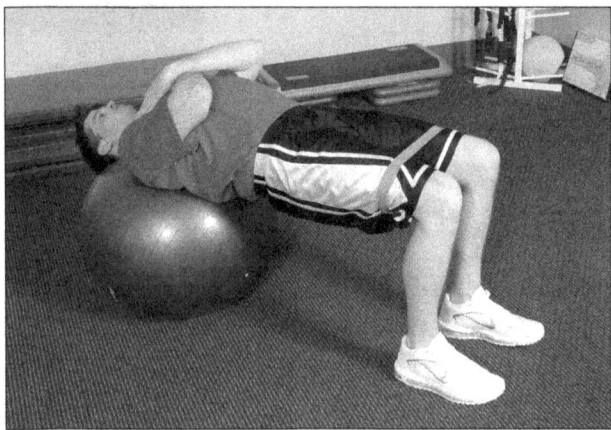

髋部和骨盆分离旋转

虽然第7章"能量传递和技能执行的运动记忆"中介绍了该项训练，但是可以将该训练作为一种改善训练方法，它也是训练髋袖肌群的极佳运动方式。

要点 一条固定腿站在地面上，在稳定的躯干下方旋转骨盆；保制单腿着地平衡。

步骤 如果髋部活动范围受限，那么可以先练习第2章"实现全挥杆弧度的柔韧性"中的负重旋转运动。

1. 双手握住一根平衡杆（一根倒过来的扫帚，或一根传力杆）以保持平衡。以下是使用平衡杆时从最简单到最难的训练方法。
   - 双手握住平衡杆。
   - 用向侧边抬起腿的那一侧的手握住平衡杆。
   - 用向侧边抬起腿的对面一侧的手握住平衡杆。
   - 不使用平衡杆；而是双臂交叉在胸前。

2. 面朝左边的附着在门上或墙上的挂钩，然后向左转完整的 360 度，让拉力绳完全缠绕在你的骨盆上，直到你再次面朝门或墙上的附着点。一条腿膝盖弯曲，使该侧的脚离开地面（从哪条腿开始都可以），然后略微弯曲或锁定负重的膝盖。肚脐向左和向右转动，骨盆保持水平位置，腹部保持收缩，直到肌肉感到酸痛、疲劳或无法维持完美的姿势。双腿交换，重复进行此练习。

3. 完全解开之前缠绕的拉力绳，然后向另一侧继续缠绕，直到面朝墙面或门上的附着点的另一侧，让拉力绳完全缠绕在你的骨盆上。选择一条腿站立，再一次进行该训练。然后交换双腿，用另一条腿站立，重复此练习。

4. 解开缠绕的拉力绳，面朝墙上或门上的附着点。把拉力绳换到勾住你骨盆右侧的位置，向右转一个完整的圈。按照第 1 步中的描述完成该训练。

5. 完全解开缠绕的拉力绳，朝另外一侧转动，直到面朝墙面或门上附着点的另一侧，让拉力绳完全缠绕在你的骨盆上。开始时，右膝盖弯曲，这样最后一次练习是在右腿上进行，拉力绳缠绕着骨盆向右转。

提示　如果你无法重复保持单腿站立平衡，可以不缠绕拉力绳进行训练。如果使用平衡杆仍无法保持平衡至少 30 秒，那么花 5 天时间在进行该训练之前每天进行 5 分钟的平衡练习。如果使用平衡杆可以保持 30 秒平衡，则可以缠绕拉力绳进行练习，但应减少拉力绳的张力。

肩袖训练

▶ 肩外旋、内旋拉伸

要点　肩袖肌群。

步骤

1. 站立，一侧手臂向侧边伸直至肩部高度，手肘弯曲成90度。

2. 在抬起手臂的后面放一根传力杆或高尔夫球杆，双手握住。手肘都弯曲成90度。下侧手臂的前臂贴靠在腹部上。

3. 缓慢推动下侧手臂和前臂离开腹部，但保持抓住传力杆或高尔夫球杆不放。该动作会使上侧手向后推，而你会感觉到该侧肩部的拉伸。

4. 保持拉伸。

提示　确定缓慢地从一个姿态移动至另一个姿态。避免为了获得更大的活动范围而出现代偿活动。

▶ 站立外旋等长运动

要点　训练肩关节旋转肌群和肩胛骨的稳定性。

步骤

1. 在训练手臂的下侧放一个小的、卷起的毛巾，手抓住拉力绳的手柄。

2. 手臂外旋，把拉力绳移动至中立的位置。

3. 两个肩胛骨向背部推挤下压。

4. 跨出一步，保持手臂位于中立位置。

5. 保持该姿势6~10秒，至少重复进行1分钟（6~10次）的练习。

提示　切勿跨步太大，或使手臂离开中立位置。

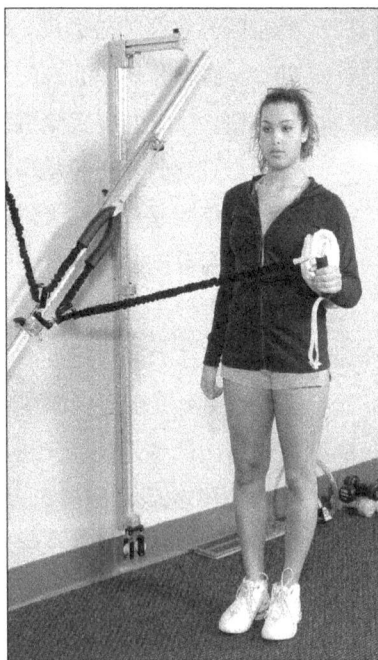

T形运动

要点　训练肩带力量和神经肌肉。

步骤

1. 俯卧在瑞士球（直径为65~75厘米）的顶部，使你的腹部依靠在球上，双脚分开，触碰一个支撑物，如墙面的护壁板（如果没有瑞士球，可以躺在长凳上）。

2. 根据第74页中的步骤，收缩腹部肌肉（使用"推式锁紧扣"方法和"最紧牛仔裤"方法）。

3. 上半身抬离球面，使身体从头到脚形成一条直线。

4. 双臂向身体两侧伸直，大拇指朝上，身体形成字母"T"的形状。双臂应与躯干形成直角。

5. 抬起然后落下你的双臂，躯干保持不动，脸朝地面。重复进行10~15次练习。

提示

● 首先，肩胛骨相互推挤，然后用双臂向后拉。

● 保持双臂与身体成90度，肩胛骨向脊柱方向推挤。

● 双臂只抬起至躯干的高度。

● 如果完成所有练习次数后，你没有感觉到腰部和肩胛骨上方的疲乏，那么可以多练习几次。

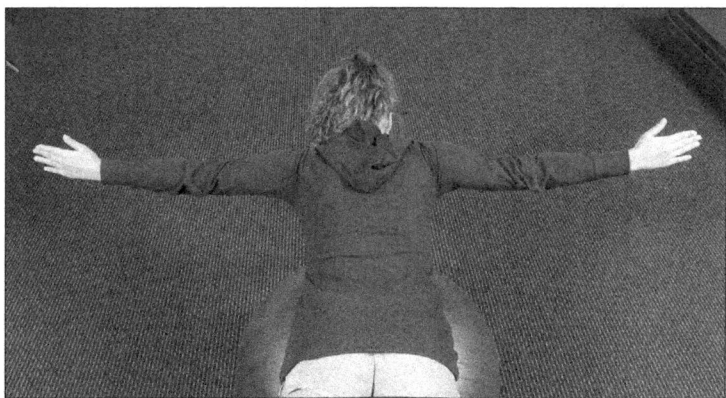

▶ Y 形运动

要点 训练肩带力量和神经肌肉。

步骤

1. 俯卧在瑞士球（直径为65~75厘米）的上端，让腹部依靠在球上，双脚分开，接触一个支撑物，如墙面的护壁板（如果没有瑞士球，可以躺在长凳上）。

2. 根据第74页中的步骤，收缩腹部肌肉（使用"推式锁紧扣"方法和"最紧牛仔裤"方法）。

3. 上半身抬离球面，使身体从头到脚形成一条直线。

4. 双臂向外伸直，身体形成一个大大的"Y"形。

5. 躯干保持不动，抬起手臂，然后落下，大拇指朝上。肩胛骨向背部推挤并下压，你应感觉到肩胛骨像是在上提双臂。

6. 重复10~15次练习。

提示

● 在用手臂带动拉伸之前，肩胛骨向背部推挤并下压。

● 确保肩关节没有任何疼痛感。如果感到疼痛，那么双臂进一步向身体两侧伸直。

● 双臂只抬起至躯干的高度。

● 如果完成所有练习次数后，没有感觉到腰部和肩胛骨上方的疲乏，那么可以多练习几次。

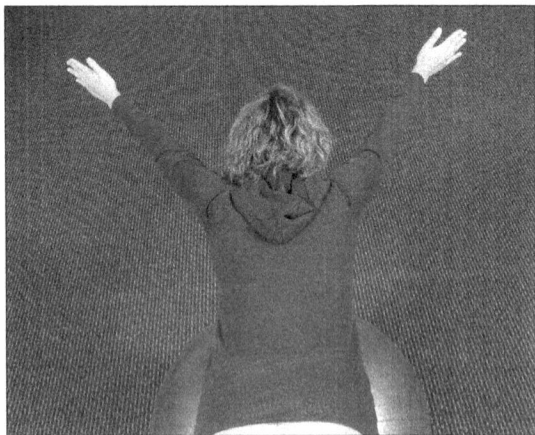

W 形运动

要点　训练肩关节旋转肌群和肩胛骨稳定肌群的力量；改善神经肌肉的反应时间。

步骤

1. 俯卧在训练长凳或瑞士球上。
2. 肩胛骨向背部推挤并下压。
3. 两个大拇指保持朝上，转动大拇指至朝向天花板方向。
4. 保持该姿势 1~2 秒，重复 10~15 次练习。

提示　为了帮助将大拇指抬到更高的位置，肩部向后转动，但不要伸展腰部。

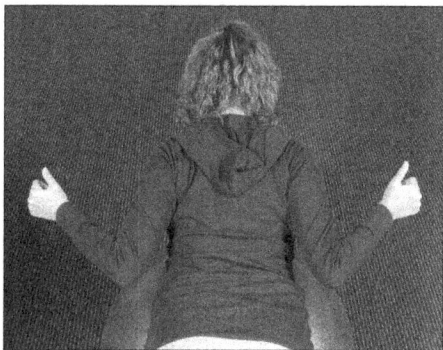

侧卧哑铃外旋

要点　训练肩胛带外旋肌群的力量。

步骤

1. 侧卧。
2. 用最靠近天花板方向的手握住一个哑铃。
3. 活动手臂的手肘弯曲成 90 度。
4. 朝天花板的方向外旋手臂，使其离开身体。
5. 保持这个姿势 1~2 秒，然后重复进行练习。

提示　保持手肘固定靠在身体的侧面，或靠在放在身体侧边的一个卷起的小毛巾上。

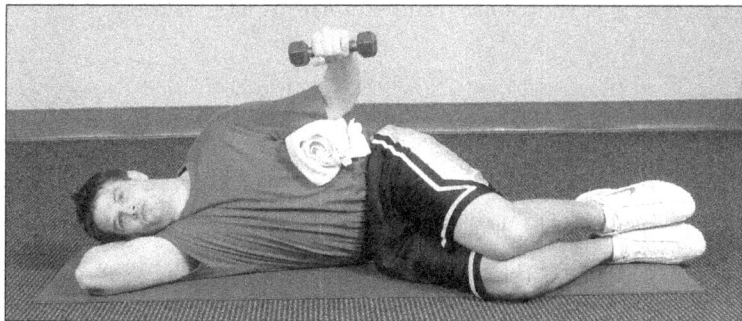

坐立下沉

要点 训练肩胛骨稳定肌群的力量。

步骤

1. 坐在桌子、长凳或椅子的边缘上。

2. 双手分别放在双腿的旁边，手掌贴靠在椅子边缘。

3. 略微前倾，保持后背笔直，试着通过伸直手臂将臀部抬离椅子。

4. 保持这个姿势1~2秒，重复10~15次练习。

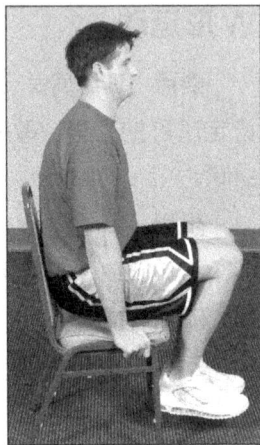

▶ 站立掌心向上向下和拇指竖起

要点 以站立姿势增强肩带等距和动态活动功能。

步骤

1. 身体站直，双臂外展与身体成90度。一只手臂移动时，另一只手臂保持不动。

2. 左手掌向下。水平移动至身体中间线位置，重复练习5次。右臂应保持不动。

3. 5次之后，改变你的手势，大拇指竖起，然后重复练习5次。

4. 最后用掌心向上的姿势重复练习5次。

5. 右臂重复相同的训练，同时保持左臂不动。

提示

● 静止的手臂保持与身体成90度。你或许会发现，这项运动比你认为的要难得多。如果没有集中注意力，那么手臂的姿势可能会发生改变。

● 如果觉得这个训练只运用了自身重量，太过容易，可以增加其他重量进行训练。

可以增加这些训练中的任何一个训练的难度水平。请记住，在稳定躯干时进行下砍和上提运动也是在训练肩袖肌群以及肩胛骨稳定肌群。

下一步

灵活性和稳定性是很重要的观念。接下来，我们会将这些观念付诸实践。现在，你已经训练了躯干和肩袖稳定肌群来保持姿态的稳定性，是时候在一个稳定躯干的基础上增加一些专门针对高尔夫运动动作的适当训练模式了。

第7章

能量传递和技能执行的运动记忆

在 *The Physics of Golf* 一书中，特德·约根森运用数学模型展示了在高尔夫球手变得更加强健，或即使没有进行任何力量训练，当他们的挥杆实现最佳的重心转移和挥杆次序时，杆头速度是如何变化的。最佳的重心转移比增加力量所产生的杆头速度要大得多，你或许对这一结果并不感到吃惊，但你还没有意识到这有多大的不同。球杆上增加5%的扭力（如同高尔夫球手增加5%的力量），杆头速度仅仅提高1.8%。但是最佳的重心转移和挥杆次序可以立刻增加14%的力量！当杆头速度更快，高尔夫球手就会产生更大的击球力量。力量越大，击球越远。

显然，这一差距在2006年美巡赛的开球距离数据中是非常明显的。例如，将近50岁的弗雷德·卡波斯在击球距离排名中以将近305码的距离一直处于第7名。没错，高尔夫运动装备的变化使数据得以提高，但是所有的高尔夫球手使用的都是最新装备。我们都知道弗雷德，他于1993年承认自己不再是高尔夫运动之王，但是他的挥杆依然是那么顺畅自如！在挥杆次序和重心转移方面，弗雷德简直是极佳的挥杆次序典范。

这种运动技能需要身体各个部位的协调、平衡和流畅的重心转移。几个神经系统提供精准移动身体的信息，并在连续和流畅的体育活动中收缩和放松肌肉。所有人类都有相同的基本身体结构，但有些人可以在运动中更有效地运用个别神经系统的感知能力。我们通常将这类人称为天才运动员；他们擅长运动，因为他们能够重复进行高度协调的序列运动。他们比其他人更擅长以某种方式整合这些神经系统的信息。

所以，在高尔夫运动中，高效且有力的挥杆协调能力和挥杆次序比单纯的力量要重要得多。然而，在一整场的高尔夫球赛中，力量在保护关节和关节稳定性，以及保持身体正确姿态的耐力方面十分重要，尤其在连续几天打高尔夫球赛时。即使高尔夫球手已经具备极好的挥杆次序，疲乏仍会削弱躯干保持最佳姿态的能力，所以击球也许会太远或太近。挥杆和时间安排上的失误就会时有发生。

令人惊奇的是，至今市面上几乎所有关于高尔夫体能训练的书籍的主要关注点都是增加力量。涉及有关力量发展的书籍不多，传递有关动作流程或挥杆次序的书籍甚至更少，而这些才是打好高尔夫的关键。

我们在20位高尔夫球手身上进行了一场运动训练的现场实验，他们是差点从0到20的高尔夫球手。所有的高尔夫球手都进行了正常的热身，然后打5次劈杆、5次6号铁杆、5次1号木杆。每次挥杆都对杆头速度和准确率进行测量，计算出每一位高尔夫球手的平均值。之后，球手们根据指示进行4项流程训练，并且被要求在下次测试之前不要进行任何训练或打高尔夫。接下来的一天，他们返回实验现场，进行了相同的热身训练，但是这次他们接着进行了4项流程训练，每项重复5次，然后重复昨天的测试内容。这次，他们的平均杆头速度提高了将近4英里/时（1英里/时约为1.61千米/时），准确率提升了42%。

连续进行挥杆次序和运动训练，身体活动和肌肉收缩的反应会变得更加积极和快速。通过查看力量与时间的关系图，这一点的重要性不难看出。例如，在打高尔夫时，从上挥杆姿态到击球一般需要0.20秒，但是人类从任何爆发性的动作到实现绝对的最大力量需要0.60~0.80秒。所以，高尔夫后期训练的目标是提早产生更大的力（更强大的爆发力），以便在击球时提供更快的杆头速度。如果你专注躯干、髋部和双腿的训练，通过运用该方式，你可以在正确姿态下产生更大的力量。良好的挥杆次序和重心转移意味着在更短的时间内通过球杆传递更大的力量，产生更大的杆头速度和更远的击球距离。

用更熟悉的方式看待这个观点，想一想你同专业球手学习的经历。在一节45~60分钟的课程学习之后，你总是能够更连贯一致地挥杆，且击球距离更远。你的指导老师并没有在一个小时之内让你变得更强壮，但是他或她可以帮助你改善挥杆次序和重心转移。当然，在一周以后你的新技能似乎有所退化，你不能找到和之前相同的打球感觉了。

　　你在之前已经体验了运动学习。我们从三个阶段学习新的技巧：认知（了解运动过程）、关联（开始把执行的运动与其产生的感受形成关联）、自发（运动变得自动自主）。学习效果退化是因为你还没有达到技能自动化水平，还停留在"关联"阶段。换句话说，你并没有完全地达到运动模式化。在学习开车的时候，我们都有过这种经历。是否还记得在早期学习开车时，我们会关注有关开车的每个方面的知识。然而，虽然我们是成年人，但有时会在开车时突然发现自己在做白日梦，而且对路过的几英里没有任何记忆，这种情况很常见。在这种情况下，你只是自动化地执行了一项复杂的任务。你并没有去思考有关开车的每个方面的技巧；你只是在开车。或许需要以相同方式执行10000次，才能达到运动流程的模式化，达到自动自发的阶段。

　　当高尔夫职业球手努力学习一种新的挥杆技能时，他们会进行成千上万次击球练习。在某种程度上，通过使用反馈和前馈的方式，一点点取得进步，度过关联阶段，进入自发阶段。击球的声音、杆头削去的草坪、感觉以及击球效果都成为他们的反馈，同时要感受你想要实现的击球感觉，这些为前馈提供了条件。通过促进身体形成有关上挥杆、击球和随球动作的髋部扭转和重心转移的正确感觉，高尔夫球手可以掌握（通常是第一次）击球过程的感觉和方法。因此，高尔夫球手在之后可以更加有效地运用前馈，更加快速地进入自发阶段。

　　高尔夫运动是一项需要有一定力量、耐力和灵活性基础才能获得最佳成绩的技巧型运动。所以，投入时间进行爆发力和运动发展训练是一件有意义的事情。如果想要拥有真正的完整的体能训练，则需要进行运动流程训练。

　　我们所开发的这项身体系统训练来源于与巡回赛高尔夫球手一起共事长达30多年的经验。运动流程是整个训练计划中的一部分；灵活性、强度、耐力和力量都是整个训练计划的一部分。

　　运动流程和挥杆次序训练可以单独作为对已训练肌肉再调整的一种方法，使肌肉以不同的协调模式进行工作。这个变化是有可能实现的，因为模式行为和运动学习可以很快实现。健康的肌肉失序但并不是真正虚弱无力，是可以通过正确提示，从而很快学会正确的运作功能。肌肉的生理变化需要6~10周的训练，但是神经效率的提高可以迅速发生变化。运动训练还可以对打球过程的时间安排做出快速的暂时改变，即使球手没有处于最佳状态。但要记住一点，没有理想的力量和耐力，你无法在18洞的比赛中保持最佳打球姿态和时间安排，因此表现成绩可能不会太好，而且你可能会受伤。

运动训练概述

运动是由神经系统控制一系列肌肉收缩，受运动学习路径的指引和关节的控制而产生的结果。有目的的运动依赖于所有调控肌肉长度和张力的机理之间的亲密互动交流。为了保持平衡，中枢神经系统会处理来自四大基本感知分析系统的信息。

1. 躯体感觉系统。
2. 前庭系统。
3. 视觉系统。
4. 听觉系统。

简言之，躯体感觉系统旨在保持身体平衡，传递有关身体部位彼此之间的移动方向和支撑平面的信息。换句话说，躯体感觉系统控制着如何移动身体重心和身体部位，包括叫作本体感受器和触觉感受器的细胞或器官。

本体感受器是遍布全身肌肉、韧带、关节和结缔组织的接收器。它们不仅使你了解哪些身体部位互相关联，哪些部位与外部环境有关联，而且让你知道这些身体部位是如何快速移动的以及可能的运动方向。这些身体组件所包含的各类亚群都以不同的方式运作：一些接收器反应迅速，启动它们不需要太多的压力或动作；另一些接收器反应比较慢，需要更多持续的张力来对系统产生作用。

触觉感官也能影响运动和姿态。就像表面受体分布在皮肤表层以及深层，这些器官也具有快适应性或慢适应性。其中尤为重要的是足跖面。双脚的触觉感官会向中枢神经系统提供关于每只脚以及两只脚之间所承受重力的分布，这一点已得到证实。它们不仅是身体静态和身体摆动等重要信息的来源，而且在动态和功能运动期间起到重要作用。这些表层受体为指导运动和平衡的神经系统提供来自肌肉和关节感受器的混合信息。

位于内耳的前庭系统增加了躯体感觉系统、触觉系统和视觉系统的信息输入，它的作用可以在脑干和小脑的作用功能中了解到。睁眼的时候可以成功地应对挑战，但是通过闭上双眼进行练习可以感受到这个保持平衡的前庭系统。当你更加准确地移动身体时，周边视觉可以起到帮助作用，更不用说将专注点集中在杆头上。挥动球杆的嗖嗖声可以在训练后期用作击球时的微调加速。

快速进步的关键在于，通过训练使多种感官提供尽可能多的感官数据和神经信息输入。所以，我们的一个训练目标是尽可能多地从这四大系统中获取神经信息。这就是为什么所有的运动流程训练都是在你双脚站立时进行的：这个姿态更像进行高尔夫运动时的姿态，刺激双脚、小腿和后背上更多的神经末梢，它们可以帮助控制身体摆动和运动。

该方法大多采用有弹性的拉力绳进行训练。拉力绳的阻力带来感官输入，但是只有拉力绳对身体施加压力时才会刺激触觉感受器，促使达到理想的运动效果。这类训练期间需要精准地控制身体部位——重点是质量胜过数量。信息处理和反馈对实现富有成效和可复制的挥杆动作是很重要的。

高尔夫运动要求球手同时在所有主要平面内控制身体：矢状面（前屈和后弯）、额状面（两侧弯曲）、横断面（旋转）。身体转动是需要掌握的最重要的一个平面运动，因为高尔夫运动主要是一项旋转身体的运动，重心发生移动，同时使用了几个轴心：肩部、手腕、脊柱、髋部、双腿和双脚。所以，在所有的训练中，在转动身体，重心开始远离，然后转向击球目标时，旋转力被运用和叠加在其他动作上作为阻力，或协助身体获得打高尔夫所需的准确控制。

处于随球动作的朴世莉，双肩在完成挥杆的旋转动作中起到重要作用

简言之，这个过程涉及把高尔夫挥杆动作分解成主要的髋部和躯干运动，通过训练这些部位，然后将这些部位的活动连接起来形成完整的运动。当受伤的人通过康复运动而能够再次行走时，步伐的每个方面（从承重期，到摆动腿，直到抬起身体）都是为了在行走时不出现跛行现象，这些活动必须在无痛、独立控制下完成。同样地，高尔夫球手的每个身体部位都必须在无痛、独立的控制下进行扭动，否则挥杆动作就会出现失误或造成能量丢失。因此，每侧的髋部和腿部都是在上半身以下进行单独的活动训练，然后上半身实现模式化运动，在下半身以上进行活动。挥杆动作要求上半身与髋部和下半身彼此独立地运动，所以我们会将下半身与上半身区分开来进行训练，反之亦然。这叫作分离运动，这是允许所谓的未知因素存在的基础活动能力。

运动训练身体组件

肌肉意识和身体控制。

平衡控制。

线性重量转移。

旋转重量转移。

分离运动。

肌肉意识和腹部收缩

核心部位肌肉在任何体育运动中都是最重要的肌肉群。术语"核心训练"在过去几年里经常被人们提起，看上去像是在夸大核心训练，但是因为核心部位对实现最佳（且无痛的）活动的重要性，所以核心训练在健身行业中非常流行。通常仅通过学会如何积极收缩腹部的外部和内部肌肉就能获得巨大收益。

在任何训练中使用以下提示，在准备击球之前遵循这些提示作为最后的准备动作。为了收紧核心肌肉的内部，可以轻轻地收缩骨盆下面的深层肌肉，以及横穿骨盆前部的这些深层肌肉。一般情况下，只要用手帮助这两组肌肉收缩一次，腰部的深层肌肉就会自动地以更高的水平进行收缩。

经验显示，有些人很难察觉肌肉意识，而另一些人则感觉一点都不困难。如果你患有背部疼痛或习惯久坐，或许你比其他人更难觉察到肌肉意识。但只要坚持下去，回报就是巨大的！利用"推式锁紧扣"方法，你可以最好地感受到骨盆下侧（骨盆底）的这些肌肉。显然，当想去卫生间，而卫生间又离得很远时，你会愿意以有力的方式收缩这些肌肉。这些肌肉将在短时间内做出反应，当收缩这些肌肉达到最长保持时间的20%时，收获是最大的。这些肌肉是耐力肌肉，一直以低水平进行运作。

另一些需要轻轻收缩的是穿过骨盆（使用"紧身牛仔裤"方法）前侧的肌肉群。要记住的是轻轻地收缩这些肌肉，不要把肚脐往脊柱方向拉动。

所以，在进行运动控制训练的时候，要不断地保持这些肌肉轻轻收缩（使用"推式锁紧扣"方法）。它们被称作内部核心肌肉，为了获得最大的效果，内部核心肌肉的收缩应得到外部核心肌肉的配合。骨盆不动，通过向骨盆方向向下拉动下侧肋骨以轻轻收外部紧核心肌肉。这就好像你三岁大的孩子朝你的身体中部挥了一棒，你来不及闪躲；只好收缩腹部应对这一击。

以下的训练用于训练肌肉的协调能力和身体活动的意识。这些训练配有一种叫作"Instant Replay"（参见图7.1）的工具。不要误认为这些训练是为了训练高尔夫挥杆技巧，在进行这些训练的时候不要击球。所有训练说明都是以右手高尔夫球手为例（右侧就是后侧）。左手高尔夫球手的训练说明是以反方向进行的。

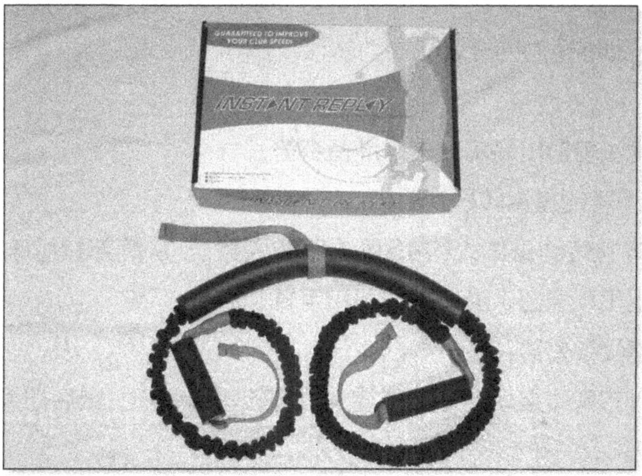

图7.1 "Instant Replay"或其他拉力绳设备将有助于训练肌肉的协调能力和身体意识

肌肉意识

以下训练有助于训练肌肉的协调能力和身体运动的意识觉察能力。不要误认为这些训练是为了训练高尔夫挥杆技巧，在进行这些训练的时候不要击球。

线性重量转移

要点　养成正确的重量转移习惯。

步骤

1. 在一面镜子前摆出高尔夫击球准备姿势。

2. 把大约80%的重量转移到后脚（该姿势也叫储能姿势）。

3. 随着髋部转动启动运动，后腿承重，保持上半身处于向上挥杆的姿势。

4. 保持并感受该姿势。

5. 缓慢地将重量从后脚转移到前脚，在把约80%的体重放在前脚上时停止。

提示

- 感受重量转移。

- 以髋部为轴转动，而不是弯曲后背。

- 保持髋部稳定。

旋转重量转移

要点　同时训练适当的旋转和重力转移。

步骤

1. 在一面镜子前摆出高尔夫击球准备姿势。

2. 把大约80%的重量转移到后脚。

3. 顺时针方向转动身体大约45度（储能姿势）。从髋部和躯干部位开始旋转，然后是躯干和肩部，最后是肩部和手臂。

4. 保持并感受该姿势。

5. 以逆时针方向缓慢转动，把体重从后脚转移到前脚。最后把大约90%的体重放在前脚。

提示

- 在整个活动期间注意你的姿势。双肩一直保持在臀部正上方。

- 以髋部为轴转动，而不是弯曲后背。

能量转移 1

要点　注意感觉力量是如何从髋部转移到上半身的。

步骤

1. 站在一面镜子前。

2. 双手放在双肩上。

3. 以顺时针方向旋转肩部。

4. 抑制髋部的转动。

5. 在没有强迫力的情况下，使肩部旋转达到最大化。

6. 保持该姿势2秒。

7. 以逆时针方向转动双肩，直到回到中立位。

提示　缓慢进行这个动作，感受躯干肌肉是如何运作来转动肩部的。

能量转移 2

要点　注意感觉力量是如何从髋部转移到上半身的。

步骤

1. 站在一面镜子前。

2. 双手放在双肩上。

3. 以顺时针方向旋转肩部。

4. 抑制髋部的转动。

5. 在没有强迫力的情况下，使肩部旋转达到最大化。

6. 保持该姿势2秒。

7. 以逆时针方向转动双肩，直到回到中立位。

8. 继续以逆时针方向旋转。

9. 放松髋部，完成转动。

提示

● 缓慢移动。

● 一旦双肩达到中立位，则放松髋部，移动结束。

● 旋转和重量转移应同时发生。

手臂加速运动1

要点　为了实现有效的挥杆动作，循序渐进地进行手臂训练运动。

步骤

1. 站在一面镜子前。

2. 双臂在胸前位置伸直，两个手掌合在一起（a）。

3. 稳定下半身。通过阻止髋部转动进行分离肌肉运动。

4. 以顺时针方向转动上半身、双肩和双臂（b）。

5. 旋转到最大范围后，以逆时针方向加速身体转动。

6. 然后在中立位停止转动。

提示

- 以慢速至中速进行该动作。

- 手臂的加速反应是下半身的稳定力量通过核心肌肉达到上半身和手臂而产生的作用。

手臂加速运动 2

要点 为了实现有效的挥杆动作，循序渐进地进行手臂训练运动。

步骤

1. 站在一面镜子前。

2. 双臂在胸前位置伸直，两个手掌合在一起（a）。

3. 稳定下半身。通过阻止髋部转动进行分离肌肉运动。

4. 以顺时针方向转动上半身、双肩和双臂。

5. 旋转到最大范围后，以逆时针方向加速身体转动。

6. 在中立位停止转动，保持身体处于中立位。

7. 然后髋部放松，随着后续动作转动（b）。

提示 身体进入中立位后放松髋部。

分离控制

▶ 分离躯干旋转

要点 躯干位于稳定的骨盆之上，把躯干作为一个整体进行移动，收缩腹部。

步骤

1. 站直，在拉力绳末端使用一个肩带环。

2. 拉力绳系在位于胸部中间位置的墙面上。面朝附着点，右臂穿过肩带环，使肩带环位于右肩后侧。向右转一圈，使拉力绳缠绕你的身体上一圈，然后拉力绳从你的右侧伸出来。

3. 在胸部的水平方向握住一根劈杆（双手分别握住球杆两端），球杆贴靠胸部。保持打算采取用1号木杆打球的姿势。确保球杆一直贴靠在胸部上。运用内部核心肌肉（"推式锁紧扣"方法和"最紧牛仔裤"方法）和外部核心肌肉。

4. 只转动肩部，先向右转动，然后向左转动，向另一侧（左侧）缓慢拉动自己。快速平稳地返回向右转动，重复15或20次练习。

5. 换另一侧重复进行练习。

6. 使肚脐保持朝向墙面不动，感受重量转移到转向那一侧的腿上：双腿上重量的比大约是60%对40%。

提示 保持杆身一直贴靠在你的胸部上，肩胛骨相互挤压。如果因为后背疼痛而无法保持骨盆不动，那就转动骨盆，使疼痛感消失。

　　请记住，骨盆不要有任何的移动。这样做是为了使上半身的躯干运动在一个稳定的下半身基础上形成模式化运动。转动的范围并不重要。如果正确地进行该训练，因为人体骨骼的正常限制范围，那么你的上半身就不会有特别大的转动。你应该能感受到一些紧绷感，但不至于限制身体移动。

分离控制和平衡

髋部和骨盆分离旋转

　　要点　骨盆在一条稳固腿和稳定躯干的上方进行转动；控制单腿平衡。

　　步骤　如果你的髋部活动范围受限，可以如第2章"实现全挥杆弧度的柔韧性"中所述进行负重旋转训练。

1. 为了保持平衡，使用平衡杆（1号木杆、倒过来的扫帚，或一根传力杆），双手握住平衡杆。以下是运用平衡杆从易到难的循序渐进式训练：

   ● 双手握住平衡杆。

   ● 一侧腿抬起，用同侧的手握住平衡杆。

   ● 一侧腿抬起，用另一侧的手握住平衡杆。

   ● 不使用平衡杆；而是双臂在胸前交叉。

2. 面朝向左侧的门或墙面的挂钩处，向左转动360度，拉力绳完全缠绕在骨盆上，直到你再次面对门或墙面的挂钩处。弯曲一条腿，使该侧的脚离开地面（哪条腿开始无关紧要，直到最后一次练习），然后略微弯曲你的负重膝盖。向左、向右转动你的肚脐，骨盆保持水平，腹部收缩，直到感到肌肉酸痛、疲乏或无法保持正确的姿势。双腿交换，重复进行练习。

3. 完全解开缠绕的拉力绳，然后继续朝反方向缠绕拉力绳，直到你面朝向墙面或门上的挂钩处，骨盆完全被拉力绳缠绕。选择一条腿站立，再次进行该训练。然后交换腿，用另一条腿站立，重复进行练习。

4. 松开缠绕骨盆的拉力绳，面朝墙面或门上的挂钩处。把拉力绳换到你右侧的挂钩上，身体向右转一个完整的圈。如第1步所述完成训练。

5. 完全松开缠绕的拉力绳，朝另一侧转动使拉力绳缠绕在骨盆上，直到面朝门或墙面上的另一侧的挂钩附着处。以右腿膝盖弯曲为开始，以便最后一个练习是在右腿上结束，拉力绳向右缠绕骨盆。这为下一个训练做好准备。

提示 如果屡次无法保持单腿平衡，可以不系上拉力绳。如果使用平衡杆时仍然无法保持平衡至少30秒，那么可以在重新进行该项训练之前花5天时间进行平衡训练，每天练习5分钟。

人体环节协调

实现有效挥杆动作的力量来源取决于有一个状态良好的、健康的、能够完成恰当的重量转移的身体。以下训练有利于实现挥杆时的更佳身体环节协调能力和力量转移。请注意，不要强迫身体转动，双肩转动到一个你感觉舒适的位置，而且没有任何压力。如果感到压力，则中断训练。

线性和旋转重量转移

▶ 后腿负重运动

要点 同时训练适当的身体旋转和重量转移以实现完全的上挥杆动作，特别需要注意的是，在上挥杆到达顶点时，重量应转移至右腿和髋部。

步骤

1. 开始时，采用"髋部和骨盆旋转运动"的第4步做好准备（a）。拉力绳完全缠绕在骨盆上，面朝门或墙上附着处的另一侧，用右腿站立，左脚离开地面。
2. 握住高尔夫球杆，在用右腿站立时尽可能地摆出一个完全的上挥杆姿势（b）。
3. 球杆到达上挥杆的顶点时保持2秒。如果无法保持平衡，那么将其他训练多进行1~2次，然后尝试该训练。
4. 在单腿上重复该训练5~10次，然后进行15~20次采取该调整训练的上挥杆动作，但应采用你经常使用的挥杆准备姿势进行训练。使用一个短杆。

提示　上挥杆动作只上升到顶点，然后保持该动作。之后再次重复此动作。在这里不用完成完整的挥杆动作，只需完成上挥杆动作。

高级变式动作　转动90度，使后肩（右肩）指向附着处。再次练习上挥杆动作，保持重量转移的平衡性。如果无法保持后腿稳定，且开始不知不觉地回到你的上挥杆动作，那么不要练习这个高级的变式动作。下一个练习——抗阻力骨盆运动就是从这里描述的姿势开始的。在可以进行这个高级变式动作之前，不要试图进行抗阻力骨盆运动。

抗阻力骨盆运动

要点　通过挥杆击球的动作推动骨盆旋转完成收杆。

步骤

1. 如"后腿负重"练习的高级变式动作（a）所述，保持相同的准备姿势。拉力绳系在骨盆右侧。向左转动使拉力绳缠绕在骨盆上，让拉力绳从骨盆右侧伸出来。右侧肩部朝向墙面的附着处，拉力绳从骨盆侧边伸出，与你的上挥杆动作在同一侧。

2. 调整拉力绳的拉力，使你有从上挥杆动作完成全挥杆的抵抗力。如果拉力太大，以致无法完成全挥杆动作，那说明拉力实在太大。

3. 调整你的姿势，使拉力绳直接从骨盆右侧伸出，在目标的相反方向，形成一个导轨。

4. 进行完整的挥杆动作，保持收杆动作2秒（b）。

5. 完整进行10~12次练习。如果想在力量训练中使用该训练，可以进行2~3组练习。

提示 可以通过扔药球替代挥球杆完成该训练。如果在上杆时打到拉力绳，说明球杆太靠近内侧，或者你与拉力绳的位置不在目标线以下。

协助式上挥杆

要点　同时训练适当的身体旋转和重量转移来实现完整的上挥杆动作。

步骤

1. 拉力绳的一端系在门底枢或者接近地面的换轮系统上。用拉力绳的自由端做出一个肩带环，右臂从中穿过（右手高尔夫球手）。向左转一个圈，直到你的右肩指向拉力绳系在门底枢的方向。拉力绳从右肩开始，穿过后背和骨盆前侧缠绕着你的身体。拉力绳从身体右侧伸出来，与骨盆成一条直线（a）。

2. 轻轻收缩盆底肌和内部核心肌肉（采用"推式锁紧扣"方法和"最紧牛仔裤"方法），进行协助式的上杆动作（b）。不要进行完整的挥杆动作，只用上杆至后摆的顶端，然后停下来。再进行另一次练习。（在过渡阶段，完整的挥杆动作容易发生倾斜，导致"厚击球"。）

3. 每次练习时想象面前有一个球，以球为着眼点。避免过快的重复练习。要记住："练习不会带来完美，完美的练习才能造就完美。"

4. 调整拉力绳的张力，使拉力绳在整个上挥杆动作中一直处于紧绷状态，但也
   不要太过紧绷，以免失去平衡。

5. 重复进行15~20次练习。

提示

● 为了集中练习后腿负重，根据描述完成一组练习之后，用右腿站立进行10~
  15次拉力绳练习。然后用双腿站立再进行一组练习。

● 现在正是使用重型球杆的好时机，以便强化肌肉意识。

● 为了结合力量和负重序列，主导手握住一个3~5磅重的哑铃，然后身体进入
  上挥杆动作。这对"后腿负重运动"（第122页）也是一个不错的补充练习。

▶ 反向上挥杆

自由选择进行该训练。它是平衡脊柱活动范围的必要练习。

要点 运用完全的反向上杆动作拉伸脊柱肌肉和关节。

步骤

1. 面朝墙面或门上的拉力绳附着处，用拉力绳
   末端做一个肩带环，左肩从中穿过。

2. 向右转一个圈，直到左肩指向拉力绳附着
   处，让拉力绳缠绕着你的身体。

3. 进行左手上杆动作练习。不要进行完整挥
   杆，只需练习上杆动作，然后上杆在顶端的
   时候数2秒。

4. 与"协助式上挥杆"练习中一样调整拉力绳
   的张力。在整个上挥杆练习中，拉力绳应一
   直处于紧绷状态，但是不要过度紧绷，以免
   失去平衡。

5. 重复进行15~20次练习。

提示 转向左臀，并且不要滑动髋关节。

骨盆加速练习

最常见的击球力量问题是，因为身体动作衔接效率低和过早的手臂减速而导致提前释放球杆。为了加快释放球杆的速度和增强击球力量，要学会有效地加速手臂运动，这意味着增加击球时的骨盆力量。接下来的两个训练将通过击球练习，帮助球手充分地感觉骨盆的运动。如果因骨盆问题而无法进行该练习（与你的上半身相比，骨盆转动速度非常快），可以使用"躯干加速练习"替代"骨盆加速练习"。同其他训练不同，躯干加速练习或许在球场击球时会运用到。

要点　在整个击球过程，注意你的骨盆；腹部肌肉保持略微收缩，进行正常的挥杆动作。前腿稳定在地面上，保持平衡的收杆动作2秒。

步骤

1. 拉力绳系在骨盆的左侧，附着处位于腰部高度。向右转动使拉力绳完全缠绕在骨盆上，然后停下，左侧肩部朝向附着处。

2. 摆出完全收杆动作，来检查拉力绳张力。当处于完全收杆姿势时，确保拉力绳松弛，没有紧绷感。

3. 开始进行一系列挥杆动作，从非常慢速的挥杆逐步过渡到正常挥杆速度，无论采用哪种球杆，在第5次或第6次挥杆的时候，应采用正常的全速挥杆。

4. 在最后的完全收杆动作中，身体90%的重量位于前脚，前脚踩实地面。

5. 保持收杆动作2秒。

提示　调整拉力绳张力，使得在完成整个挥杆动作时杆头与附着处之间有足够的空隙。

躯干加速练习

要点　在整个挥杆击球过程中，注意身体重量转移的方式；温和地保持腹部肌肉收缩（使用"推式锁紧扣"方法和"最紧牛仔裤"方法），进行正常的挥杆动作。平衡地保持收杆动作2秒。

步骤

1. 准备工作和"反向上挥杆"（第126页）练习一样，但是要改变右手高尔夫球手挥杆和握杆的姿势。面朝墙面或门上的附着处，拉力绳末端形成的肩带圈套在左肩上，向右转使拉力绳缠绕你的身体一圈。当你的左侧肩部朝向附着处的那一侧时停下来。

2. 进行完整的挥杆动作，同时以平衡的方式保持收杆姿势。在收杆姿势时，90%的身体重量位于前腿。

3. 摆出完全收杆姿势，来检查拉力绳的张力。确保当你处于完全收杆姿势时，拉力绳是松弛的，没有紧绷感。

4. 在整个挥杆期间，温和地关注你的内部核心肌肉。

5. 开始时用半速挥杆，通过5次练习逐渐增加到全速挥杆。

6. 进行15~20次单独的挥杆练习，在每次挥杆时想象地面上有一个球。

提示 如果在上挥杆过程打到了自己的下巴，这表明你或许应该将下巴抬高一些，让身体顺利地完成充分旋转。如果旋转受限（请参阅第1章"高尔夫体能测试"），可能是因为你前侧的肩胛成了"代偿途径"。如果是这样的话，应该将身体上的拉力绳拿下来，这样就不会打到下巴了。

户外变式训练 这个训练可以在户外进行，因为拉力绳的拉伸力很轻微。可以使用结实的帐篷桩，确保拉力绳一直固定在地面上。

应对常见的问题

以下训练建议并不意味着不再需要美国职业高尔夫球协会（PGA）的专业教练，但是它们确实有助于解决影响挥杆动作的姿势和平衡问题。迈克尔·布瑞德是位于纽约斯卡斯戴尔太阳谷乡村高尔夫俱乐部的主教练，他是*Golf Digest*排名前100名的教练，他曾指出挥杆练习中的错误和可能出现的击球问题。

在完成所有训练计划后，"协助式上挥杆"（第125页）练习和"躯干加速练习"（第127页）是最后一项需要完成的训练。

后腿负重问题

在上挥杆期间，将重量完全转移到后腿会导致击球失误。可能导致在上杆处于顶端时力量丢失或前侧肩部倾斜；通常会产生无力的低飞球。如果随后是左轴转，那么击球依然是无力的，但通常会产生高飞球。

可能原因

1. 后侧髋部内旋不足。

解决方法：在站立时使用协助式内旋拉伸；进行"髋部旋转恢复"（第35页）练习。

2.躯干向右旋转不足。

解决方法：使用"协助式上挥杆"（第125页）练习。

解决方法：进行"脊柱旋转恢复"（第28页）练习。

3.运动控制较差。

解决方法：睁眼和闭眼进行"后腿负重运动"（第122页）练习。

解决方法：睁眼和闭眼进行"协助式上挥杆"（第125页）练习。

4.髋部力量较差。

解决方法：进行"髋部和骨盆分离旋转"（第121页）练习。

解决方法：进行"海斯曼侧弓箭步"（第164页）练习。

非平面击球

如果挥杆期间，球杆太偏内或偏外，则会产生左曲球或削球。存在许多不同变化。例如，挥杆击球可能发生补偿运动，导致击球时打在插鞘上而不是用杆头击球面，并会产生削球。

可能原因

1.上挥杆偏内。

解决方法：进行"协助式上挥杆"（第125页）练习，重视橙色拉力绳上的视觉提示，以便模仿上挥杆动作。

2.过度挥杆击球。

解决方法：在进行"协助式上挥杆"（第125页）练习之后进行"躯干加速练习"（第127页），注意橙色拉力绳上的视觉提示。

3.躯干旋转受限。

解决方法：右手和左手高尔夫球手都可以进行"协助式上挥杆"（第125页）练习。

解决方法：进行"脊柱旋转恢复"（第28页）练习。

4.髋部旋转受限。

解决方法：进行"髋部旋转恢复"（第35页）练习。

上挥杆速度过快或挥杆节奏失控

如果上挥杆速度过快或挥杆节奏失去控制，那么高尔夫球手通常会出现前后击球不一致。美国职业高尔夫协会的一名教练就这个问题给出了最佳估测。

可能原因

1.与年龄有关的挥杆变化；挥杆节奏问题。

解决方法：进行"协助式上挥杆"（第125页）练习，然后进行"躯干加速练习"（第127页）。

2.躯干旋转受限。

解决方法：进行"脊柱旋转恢复"（第28页）练习。

上挥杆问题

如果始终无法在上挥杆时将球杆移动到相同的位置，则会导致击球的前后不一致。

可能原因

1.躯干和上肢虚弱无力。

解决方法：每侧进行"快速拉绳"（第83页）练习。高尔夫球手双手握住一根推杆（顶端），形成一个三角形，双臂向上伸直形成三角形的两条侧边，球手的双肩作为三角形的底边。

2.后腿负重差。

解决方法：参见"后腿负重问题"（第128页）。

3.侧髋力量差。

解决方法：参见"后腿负重问题"（第128页）。

旋转缩短

这个问题几乎总是导致击球无力，击球距离减小，而且容易产生击球时杆头击球面闭合，出现左旋球或左曲球。

可能原因

1.与年龄有关的身体僵硬。

解决方法：进行"脊柱旋转恢复"（第28页）练习。

2.分离控制差。

解决方法：进行"分离躯干旋转"（第120页）练习。

解决方法：进行"髋部和骨盆分离旋转"（第121页）练习。

解决方法：进行"脊柱旋转恢复"（第28页）练习。

3. 髋部僵硬。

解决方法：进行"髋部旋转恢复"（第35页）练习。

4. 腰部疼痛。

解决方法：参见"击球距离短"（第132页）问题。

解决方法：运用"分离躯干旋转"（第120页）和"髋部和骨盆分离旋转"（第121页）练习。

解决方法：进行"快速拉绳"（第83页）练习。

解决方法：进行"髋部旋转恢复"（第35页）练习。

解决方法：进行"脊柱旋转恢复"（第28页）练习。

左轴转

左轴转倾向产生无力但较高的击球；可能是拉出式击球或削球。通常是在上挥杆时后腿负重失效而产生的最终结果。

可能原因

1. 后腿负重差。

解决方法：参见"后腿负重问题"（第128页）。

2. 后臀内旋受限。

解决方法：运用"髋部旋转恢复"（第35页）练习。

3. 协调能力和时间安排差。

解决方法：运用"协助式上挥杆"（第125页）练习。

解决方法：运用"骨盆加速练习"（第127页）。

解决方法：运用"躯干加速练习"（第127页）。

4. 躯干力量不足。

解决方法：进行"分离躯干旋转"（第120页）和"髋部和骨盆分离旋转"（第121页）练习。

解决方法：进行"快速拉绳"（第83页）练习。

解决方法：进行"侧桥式"（第81页）练习。

5. 前腿或后腿负重差。

解决方法：参见"后腿负重问题"（第128页）；接着进行"骨盆加速练习"（第127页）和"躯干加速练习"（第127页）。

击球时下半身活动失效

主要出现击球无力，爆发力弱和击球距离差等问题。

可能原因

1.运动学习不足。

短期解决办法：进行"后腿负重运动"（第122页），然后进行"骨盆加速练习"（第127页）和"躯干加速练习"（第127页）。

长期解决方法：进行"分离控制"和"能量转移"练习。

2.髋部过度紧张。

解决方法：进行"髋部旋转恢复"（第35页）练习。

解决方法：过度紧张的髋部（你的脚无法形成内八字）通常是身体结构上的问题（后倾），所以当你处于准备击球姿势时就会选用外八字脚。

3.后腿负重差。

解决方法：参见"后腿负重问题"（第128页）。

击球距离短

可能原因

1.挥杆动作序列差。

解决方法：进行"分离控制"练习。

解决方法：进行"能量转移"练习。

2.腰部疼痛或虚弱无力。

解决方法：进行"分离控制"练习。

解决方法：每侧进行下砍和上提运动（第153页）。

解决方法：每侧进行"快速拉绳"（第83页）练习。

3.核心部分或髋部虚弱无力。

解决方法：进行"分离控制"练习。

解决方法：每侧进行下砍和上提运动（第153页）。

解决方法：每侧进行"快速拉绳"（第83页）练习。

解决方法：单腿进行"快速拉绳"（第83页）练习。

解决方法：每侧进行"海斯曼侧弓箭步"（第164页）练习。

4. 没有活动范围或活动范围不足。

解决方法：进行"脊柱旋转恢复"（第28页）练习。

解决方法：进行"髋部旋转恢复"（第35页）练习。

5. 之前提到过的任何问题都可能导致击球距离缩短。

运用到健身计划

肌电图测定已经证明该章中的训练是针对高尔夫挥杆所运用到的主要肌肉而设计的。单腿训练对调整和加强髋部、腹部肌肉和运动流程训练尤其有帮助。

运动流程训练或许在高尔夫挥杆调整训练中可以作为一组单独的训练，但是，将其作为一套完整调整训练的补充训练也是该训练的最佳运用方式。

这些训练所产生的负荷很低，如果愿意的话，可以每天进行训练，最小训练量是一周2~3次训练。在通过重量转移训练帮助恢复最佳的重量转移和挥杆次序之后，应进行加速和协助式训练。

如果有时间每周进行4~5天的训练，可以使用基础方案作为运动流程训练，每周进行3天的训练（与重量训练的天数不同）。如果你正试图运用具体的方案解决一个挥杆问题，那么你的运动流程训练计划应针对与此有关的身体运动组件。基础方案中缺失的身体运动组件的训练（不包括在具体的挥杆修正训练计划之中）每周至少应该进行一次。

下一步

运动流程训练通过训练实现最快的成绩上升，但这仅是训练的一部分。显然，没有力量和耐力，最终的成绩都会受到影响。如果在第13个洞之后，因为疲劳而无法保持脊柱角度，那么即使你的挥杆次序再好，也无法获得太好的成绩。后9洞出现疲乏，可能是因为肌肉力量和耐力不佳，直接或间接的原因是能量源不足。在下一章"补充能量所需的营养和补充剂"中，我们将讨论饮食营养方面的内容，以强化整个高尔夫健身计划。

第**8**章

补充能量所需的营养和补充剂

高尔夫球手需要满足特殊的能量要求，需要通过合理的营养摄入和明智的营养补充剂来补充能量。本章为赛前准备、比赛期间和赛后的食物摄入提供指导，以实现营养最优化，提高比赛与练习成绩。想要更深入地了解运动营养需求的人们，可以在当地的图书馆、书店或网店上购买一些不错的书，比如南希·克拉克所著的 *Sports Nutrition Guidebook*（Human Kinetics, 2003）。

营养概述

食物以脂肪、蛋白质和碳水化合物的形式为身体提供所需的热量。身体根据所进行的活动（无论是有氧运动或是无氧运动），燃烧来自身体不同部位的热量。有氧运动基于耐力运动，例如，在跑步机上跑步或步行、骑自行车或使用交叉训练器进行训练。无氧运动是一种短期活动，保持心率持续低于有氧训练区的这类活动；重量训练、增强式训练和打高尔夫通常被称为无氧运动。

当进行有氧训练或活动时，身体通常更喜欢采用脂肪作为燃料。在进行无氧运动时，身体会从存储糖原的局部肌肉中获取热量，糖原来自碳水化合物。因为高尔夫主要是一项无氧运动，所以赛前准备、比赛期间和赛后食物摄入的最佳选择主要是各类碳水化合物。摄入的脂肪和蛋白质结合碳水化合物有助于减缓吸收，还有利于提供更加稳定的能量供应。健全的饮食包括从蛋白质中摄入15%~20%的热量，从碳水化合物中摄入50%~60%的热量，还有不足30%的热量来自脂肪。

作为提醒，本章所讨论的内容与高尔夫运动成绩相关；正因如此，我们会更多地强调对碳水化合物的摄入，因为碳水化合物更有利于提高运动所需能量。如果每天常规性地摄入大量碳水化合物，你可能会发胖。

智慧的碳水化合物摄入

碳水化合物要么是单一的碳水化合物，要么是合成碳水化合物。幸运的是，通过对比公式，我们可以获得一个易于使用的列表，来帮助我们了解某类食物源主要是单一碳水化合物还是复合碳水化合物。这个叫作血糖指数（GI）的表格（表8.1）可以帮助你选择正确的碳水化合物来供应高尔夫比赛和练习所需的能量。葡萄糖（糖）在食物中的含量被用作对比的标准，GI是以100的给定值进行衡量的。因此，如果一种碳水化合物分解进入血流的速度如同食用纯葡萄糖一样快速，那么它的GI值为100；如果进入血流的速度只有使用纯葡萄糖的一半，那么GI值为50。

单一碳水化合物（高血糖指数）通过消化系统得到快速分解，然后和葡萄糖一样快速地进入血液。碳水化合物越单一，就越接近食用纯葡萄糖。复合碳水化合物（中低血糖指数）在摄入后吸收和发挥作用的速度更慢。

在摄入复合碳水化合物后，消化系统开始分解，然后血糖被吸入血液中。胰腺感知血糖含量以及血糖进入血液的速度。作为响应，胰腺向血液中分泌胰岛素，帮助转化和促进血糖进入肌肉，作为糖原存储在肌肉中。如果血糖摄入太多

表 8.1 血糖指数

赛前准备和比赛期间	比赛期间和后期	赛后和赛后训练
苹果（39）	香蕉（62）	西瓜（72）
苹果汁（40）	猕猴桃（58）	烤马铃薯（111）
樱桃（22）	芒果（60）	胡萝卜（92）
葡萄（22）	菠萝（66）	速食土豆泥（86）
葡萄柚（25）	葡萄干（64）	蚕豆（79）
橙子（40）	哈密瓜（65）	白面包（70）
橙汁（46）	糙米（66）	玉米片（92）
桃子（28）	黑面包（60）	速食麦片粥（74）

续表

赛前准备和比赛期间	比赛期间和后期	赛后和赛后训练
梨子（33）	皮塔饼（57）	Crispix麦片（87）
李子（24）	意式面食（50+）	黄金早餐谷物（76）
草莓（40）	甜玉米（60）	葡萄果仁麦片（80）
麦片（55）	玉米卷（68）	脆米（89）
几乎所有的蔬菜和蛋类（0）	野生稻米（57）	土豆（76）
速煮米（38）	小麦片（67）	米糕（90）
黄豆（20）	麦片粥（66）	全麦面包（71）
去皮豌豆（32）	葡萄果仁麦片（67）	百吉饼（72）
甘薯（48）	营养谷物（66）	炸薯条（75）
酸奶，水果（36）	燕麦片（65）	烤红皮马铃薯（93）
益多能巧克力酱（33）	Special K麦片（54）	麦圈（74）
杂粮面包（31）	煎饼（67）	葡萄糖（100）
燕麦麸面包（50）	蒸粗麦粉（65）	
黑麦（41）	甘薯（61）	
裸麦粉粗面包（41）	新土豆（57）	
意大利面（42）	能量棒（58）	
全麦条（38）	小麦脆饼（68）	
燕麦麸（50）	比萨（35~55）	
花生酱（Laura Scudder老款花生酱，Smuckers天然花生酱）		
烤牛奶什锦早餐（43）		
酵母小麦面包（54）		
杏仁（15）		
腰果（15）		
山核桃（15）		
花生（15）		
豆浆（31）		
果糖（25）		
乳糖（45）		
牛奶（32）		

血糖值：赛前和比赛期间=低水平（1~55）；比赛期间和赛后=中等水平（56~69）；赛后和赛后训练=高等水平（70+）

或血液中的血糖上升太快，胰腺会向血液中输送大量（相对的）胰岛素，最终限制血糖水平。胰岛素把血糖转化成糖原，然后存储糖原，最终的结果是血液中存留下很少的血糖；这会导致低血糖症，血糖过低的一种状况是动作迟缓，注意力下降，过度疲劳和肌肉功能减退。如果一个人长期血糖过低，很有可能导致胰岛素减少和功能衰减，肌肉形成对胰岛素的抵抗（肌肉对胰岛素不太敏感，因为肌肉一直沐浴在大量的胰岛素中）。所以，胰岛素可能会抑制肌肉充分吸收血糖，而不是促进糖原存储在肌肉中。然后，过多的血糖摄入作为糖原存储在肝脏和脂肪细胞中。单糖和高 GI 的食物更容易引起这类反应。

复合碳水化合物提供一种更为均衡的能量源，不太可能导致从胰脏中分泌大量胰岛素进入血液中，因为复合碳水化合物的吸收更缓慢。这就意味着你比吃单一碳水化合物的食物（高 GI）时注意力更高和疲惫感更弱。需要提醒的是，定期的有氧运动有助于身体保持对胰岛素的敏感，并为身体功能建造耐力基础。

良好的营养状态和补水会使你在整个比赛期间保持头脑清晰

因为一场高尔夫球赛可能需要花费数小时，所以应在每天的饮食中多吃一些碳水化合物食物。例如，谷物、蔬菜和水果所含的碳水化合物都是很好的能量来源。

摄取适量水分

虽然这不包含在食物金字塔指导系统中，因为水中没有热量，严格意义上讲，水并不是食物，但水是人类所需的非常重要的滋养物质。人体的大部分由水组成（肌肉中含有80%的水），如果摄入水分不足，人只能存活短短几天。

一般建议每天喝8杯250毫升的水，但是参加体育锻炼的人需要饮用更多的水。高尔夫球手在一场比赛期间会在太阳下站立数小时，所以至少应再增加4杯水。

因为咖啡、茶、低糖饮料和酒精饮料有利尿的作用，饮用过多会产生脱水效应，不应将其算作每日的饮水量。可以用苏打水和果汁这样的饮料替代水。苹果汁中含有大量的钾，橙汁富含维生素C，而且血糖指数低。

所有高尔夫球手都可以从良好的营养摄入和合理补充水分中受益，因为这些因素在能量利用率和实用性方面都发挥着非常重要的作用。

赛前营养摄入

高尔夫球手应该在赛前吃一些以低GI碳水化合物为主的食物。这些食物包括苹果、橙子、低脂水果酸奶、全谷干麦片、大米，以及多种压缩食物棒。这些食物除了提供长久的能量源，还是健康和富含营养的易消化食物。

如果可以的话，应在比赛前90~120分钟进食。有时一早起来就得比赛，这使得该想法不太容易实现，所以尽量在比赛前60分钟进食。保持饮食便捷简单；一顿大餐需要花费更长的时间去消化。在你的饮食中加入蛋白质和脂肪，以放缓碳水化合物的吸收。例如，蛋类配全谷干麦片、全谷吐司和橙汁是不错的选择。参加巡回赛的高尔夫专业球手在开球第一杆之前已经在赛场上待了整整一个小时，所以在击球后补充一点低GI的食物是非常适合的。

补充水分是在早上起来后最为重要的一件事。起床后直接饮用400毫升左右的水，然后开球之前的一个小时再补充一次水。

比赛期间营养补充

为了帮助保持均衡的能量利用率，在比赛期间，每90分钟吃点东西。为长达5~6小时的比赛提前准备一些低GI食物。增加一点脂肪或蛋白质的摄入，以减缓碳水化合物的吸收。花生酱是个不错的选择，但要注意挑选合适的品牌，避免无意中摄取了高GI食物。干酪条和苹果是一个极好的组合。

如果错过了适当的饮食机会，而且又将在一轮比赛中消耗大量能量，我们建议饮用普通的能量饮料，更快速地将葡萄糖输送到血液中。运动饮料除了提高能量利用率之外，还能补充身体在湿热的天气下打球而丢失的水分。

通过在比赛期间摄入水分和便捷的食物来保持能量水平，大卫·豪威尔展示了在一整轮比赛中保持专注的方法

一般来说，最好在练习日期间饮用能量饮料，以见证它们对你产生作用的方式和速度。也许你因为吸收血糖过快而在一轮练习结束之前出现低血糖症状。总之，如果对饮食有足够积极主动的准备（准备好赛前和比赛期间的食物），则不需要运动饮料，除非你出汗比平时多。

在赛场上时，每15分钟喝60~90毫升的水（一满口约30毫升）。如果出汗过多，可以喝两倍的水。做到这一点并不难，只需在你的高尔夫球袋或车中装一瓶500毫升的瓶装水。

赛后营养摄入

我们还建议在比赛后给身体补充大量的水分（水、橙汁和运动饮料）。在第18洞打完之后，立即喝下至少250毫升的水。

这个时候是为白天的辛苦努力补充能量和为次日的比赛（如果有比赛的话）进行充电的时候。中高血糖的食物比低血糖的食物更有助于肌糖原贮备。经验告诉我们，赛后立刻摄入中高血糖的食物，然后吃一顿富含高GI碳水化合物的晚餐，这样做更有益处。

这些建议都是基于高尔夫运动成绩来提供的，不一定会减轻体重。事实上，过于放纵地摄入本章所提到的赛后食物很容易导致发胖。

肌肉塑造和恢复所需营养

你可能对如何获得训练和高尔夫比赛所需的足够能量和精力，以及塑造肌肉和增加击球距离所需的充足营养而感到担心。虽然食物金字塔指导系统的建议足够应对这些方面的需要，但本章将为正在进行力量训练的高尔夫球手提供有关所需热量和蛋白质的具体相关信息。力量训练通常每分钟需要消耗5~10千卡（1千卡约为4.19千焦）的热量。在抗阻力健身器材上完成一轮25分钟的训练（在这连续的训练中间有短暂的休息），会燃烧125~250千卡的额外热量（参见表8.2）。

因为力量训练属于剧烈运动，所以训练后会消耗大量的热量。在一场剧烈的力量训练之后，静息代谢率可能比一般情况要高10%。中等到高等强度训练之后，肌肉会吸收更多的碳水化合物。因此，对于白天有多项活动的高尔夫球手来说，如果在比赛结束后进行中等强度的训练，将有助于更多的力量恢复，为第二

表8.2 每分钟活动燃烧的热量

活动	体重			
	120磅 （54.4千克）	140磅 （63.5千克）	160磅 （72.6千克）	180磅 （81.6千克）
健美操	7.4	8.6	9.8	11.1
篮球	7.5	8.8	10.0	11.3
越野滑雪	7.5	8.8	10.0	11.3
以10英里/时的速度骑自行车	5.5	6.4	7.3	8.2
举重训练	6.6	7.6	8.7	9.8
打高尔夫（高尔夫球场）	2.1	2.5	2.8	3.2
打高尔夫（拖拉球杆）	4.6	5.4	6.2	7.0
徒步旅行	4.5	5.2	6.0	6.7
慢跑	9.3	10.8	12.4	13.9
跑步	11.4	13.2	15.1	17.0
游泳（爬泳，中等速度）	7.8	9.0	10.3	11.6
网球	6.0	6.9	7.9	8.9
步行	6.5	7.6	8.7	9.7

源自：Reebok Instructor News, Vol. 4, No. 2, 1991.

天的比赛做好准备。其实这个训练会刺激大量营养物质吸收进入肌肉组织，使糖原贮存比没有进行训练的时候更快速地回到正常水平。研究显示，在一餐的饮食中摄入高血糖的食物，同时包含鸡肉或牛肉这类高蛋白的食物之后这一作用会得到加强。即使在赛后没有进行训练，进食含有高GI碳水化合物的食物也能促进肌肉的恢复。但是，如果期待在比赛中更有优势，你或许需要进行赛后训练。你可以检验一下这种做法的效果（在比赛之前），以便你可以微微调整训练级别，使其有助于而不是妨碍肌肉恢复。

进行力量训练的高尔夫球手可以在训练期间额外多摄入225~400千卡的热量。虽然这可以通过饮用高能量饮料、运动棒或其他食物补充剂来实现，但最好从食物金字塔指导系统中选择食物。从谷物、水果、蔬菜和奶制品中选择每类食物多吃一份，其总共摄入225~400千卡，提供身体所需的各种重要营养物质。当然，想要减肥的高尔夫球手可以保持他们平常的饮食摄入量，或者略微减少热量摄入。

增强体能的药物

多年来，高尔夫运动领导机构并不怎么关心违禁药物检测。可惜这只是时间问题，许多高尔夫球手为了保持竞争力，都会选择服用增强体能的药物。过去，对该项运动最大的威胁之一是有关使用可以降低心率的 β-受体阻滞药的传闻。这种药品确实可以给该项运动的选手带来一定优势，因为打高尔夫要进行长打入穴，或在球道上挥动 3 号木杆击球越过一个大湖或障碍区进入果岭旗杆前侧，球手的心脏会因此心跳加速。

这一小节内容将讨论一些最受欢迎的增强体能的药物和补充剂。虽然我们不反对小心地使用营养补充剂，以此作为均衡全面的营养、力量和体能训练计划的一部分，但是我们绝不建议使用合成代谢类固醇、人类生长激素（HGH），或者增强体能的药物。在开始使用任何一种补充剂之前，请咨询专业人士的建议。

膳食补充剂和类固醇替代品

根据由美国体能训练协会（NSCA）编写的 *Essentials of Strength Training and Conditioning*（第 2 版）一书显示，补充剂是一种人体可以摄入的产品，但不能作为一种常见食物，或单独作为一种专有饮食。这种物品是对饮食的补充，其中包含以下一种或多种物质：维生素、矿物质、药草或其他植物、氨基酸、浓缩剂、代谢物、成分提取物，或是增加整体饮食摄入量的一种物质。一般的补充剂包括抗氧化剂、维生素 A、维生素 C，有助于恢复组织，维持免疫功能和减少延迟性肌肉酸痛。其他受欢迎的补充剂有维生素 E、β-胡萝卜素、番茄红素、硒、儿茶素和多酚类。

根据美国体能训练协会的规定，补充剂不能作为类固醇替代品出售，类固醇以直接的方式或成为前体类固醇的方式提高人体内的睾酮水平，因其有助于提高表现成绩而为人们所了解。

精氨酸被认为是可以增加人体生长激素释放的一类氨基酸。另一类氨基酸——鸟氨酸，在释放人类生长激素方面要强大三倍。最新上市的一种声称有此效果的产品叫作 γ-羟基丁酸盐（GHB）。L-肉碱与脂肪传输到细胞能量中心线粒体有关联，线粒体可以产生更大的能量。

要注意的是，补充剂也存在潜在的副作用。经常可以看到有关反对合成代谢类固醇和麻黄这类产品的申诉和批判。

肌酸与咖啡因

不同于其他许多补充剂，肌酸和咖啡因被证明具有提高运动表现成绩的特性。研究发现，肌酸会作用于细胞层次，对APT浓度产生影响。在红肉和鱼这些食物源中可以找到肌酸。在富含碳水化合物的情况下，肌酸更容易被吸收。然而，补充肌酸对高尔夫球手来说通常适得其反，因为通过重量训练，容易增大体格，这样会妨碍手臂穿过胸部的活动以及手臂活动范围。

在茶、咖啡和巧克力这类食物中，都含有咖啡因，咖啡因可以提高敏捷性，并将疲劳的影响降至最低。但是，有些人可能会出现烦躁、神经紧张和脱水现象。

因为所有的补充剂都有副作用，所以权衡其利弊是非常重要的。18岁以下的青年不适合服用任何类型的补充剂。

合成代谢类固醇

合成代谢类固醇是体内产生的激素，起到促进机能的作用，例如增加肌肉质量。类固醇要么具有合成代谢性质（塑造肌肉），要么具有雄性激素性质（男性化）。脱氢表雄酮（DHEA）和雄烯二酮都以天然替代品非处方药的形式进行销售。但要牢记一点，当身体觉察到能从化学合成品中摄取睾酮，身体可能会停止或降低其自然产生睾酮的能力。

人类生长激素

人类生长激素是自然存在于人体内的一种蛋白质，由脑垂体前叶产生。这类蛋白质的过度增加可能是由于儿童时期的过度增长。青春期后期的症状和信号包括代谢异常、器官增大和骨骼扩大。在HGH和类胰岛素生长因子（IGF-1）通常比较低的情况下，激素干预疗法已经被证明是有益的。然而，对于HGH水平正常的人来说，并没有证据显示其运动成绩有所提高。应该注意的是，许多使用补充剂的人可能并不会主动提供大量相关信息。

现如今，膳食补充剂和增强运动体能的药物已成为高尔夫运动的一部分。人们对这些药物的需求包括从增加体重来提升力量到提升耐力，再到减肥。虽然在高尔夫运动中服用类固醇的情况下，看到最近在其他运动项目中发现的类似问题的可能性不大，但在该项运动中仍然存在进退两难的情况。服用药物的人可能期待挥杆距离能增加15~20码，或者能稳定地打出5杆洞。也有人可能期待用具有更大杆面倾角的球杆打出4杆洞。无论动机如何，教导和告知使用者做出正确选择是十分重要的。

下一步

尽管营养补充剂可以提供维生素和矿物质，但饮食专家不建议用补充剂替代包括各种蔬菜、水果和全谷物，以及瘦肉和低脂肪的奶制品的均衡饮食。人类的营养需求太复杂（人们对此知之甚少），无法依靠各种补充剂获得所需的营养量。只有多样化的均衡饮食才能提供人类所需的最佳营养。

熟悉食物类别，以及美国农业部在食物金字塔指导系统中建议的日常摄入量，此外还应该了解均衡的饮食不同于为了减肥所吃的低热量食物。确定你的医师或注册营养师同意你摄入低热量饮食。

第**2**部分

高尔夫运动具体训练计划

第9章

高级力量训练

全面的健身涉及许多方面。柔韧性、力量、姿势平衡和运动学习都是会影响高尔夫挥杆的因素。不同的高尔夫球手需要对身体运动组件进行不同的重点训练，以展现其优点并改善其不足。请记住第1章"高尔夫体能测试"中所暴露的缺陷。对身体运动组件的每一部分进行适量的训练，该训练量是依据年龄、性别、身体状态、赛季和技能水平来确定的。例如，一位55岁的女性高尔夫球手在休赛期间或许应该强调力量训练，然而一位25岁的男性高尔夫球手在休赛期间应着重训练柔韧性和爆发力。虽然训练变得更具有科学性，但在基础运用方面，训练仍然很简单——如果某些部位紧张，则进行拉伸；如果某些部位虚弱无力，则加强训练；如果某些部位不灵便，则进行平衡性和协调性训练。

一旦已经明确定位于高尔夫技巧与运动表现成绩，就可以确定你的健身水平和训练时间，并为完成训练做好准备。1级训练（表9.1）对刚开始认真打高尔夫的初学者来说很有帮助，而4级训练（表9.4）适用于具有竞争力的高尔夫球手。如果打算进行一整年的训练，你也许会希望从1级训练开始，然后在2级训练（表9.2）和3级训练（表9.3）中取得进步，最后用4级训练结束一整年的训练。

和你一样，一些顶尖高尔夫球手的训练计划专注于有氧代谢能力、柔韧性、力量、强度、运动学习、平衡能力和技巧训练。在特定时期，对训练计划的特定部分进行重点训练，在其他时间加强其他部分的训练。例如，在比赛季有竞争力

表9.1　1级训练

	休赛期	比赛季
柔韧性	3~5次/周	3次/周
力量训练	3次/周	2次/周
下半身	2次/周，每次重复6~15次	1次/周，每次重复6~8次
上半身	2次/周，每次重复6~15次	1次/周，每次重复6~8次
躯干，第1天，第2天	时间/重复次数	时间/重复次数
平衡能力	3次/周	2次/周
技巧训练	2次/周	2次/周

表9.2　2级训练

	休赛期	比赛季
柔韧性	2~5次/周	3次/周
力量训练	3次/周	2次/周
下半身	3次/周，每次重复6~15次	2次/周，每次重复6~8次
上半身	2次/周，每次重复6~15次	2次/周，每次重复6~8次
躯干，第1天，第2天	时间/重复次数	时间/重复次数
平衡能力	3次/周	2次/周
技巧训练	2次/周	2次/周

表9.3　3级训练

	休赛期	比赛季
柔韧性	4~5次/周	5次/周
力量训练	3~4次/周	2次/周
下半身	3次/周，每次重复6~15次	2次/周，每次重复6~8次
下半身	2次/周，每次重复6~15次	2次/周，每次重复6~8次
躯干，第1天，第2天	时间/重复次数，2组	时间/重复次数，2组
平衡能力	4次/周	2次/周
技巧训练	3次/周	4~5次/周

表9.4　4级训练

	休赛期	比赛季
柔韧性	5~7次/周	5次/周
力量训练	3~4次/周	2次/周
平衡能力	4次/周	2次/周
技巧训练	3~4次/周	5次/周

的高尔夫球手在球场上专注于维持力量和稳定性，同时提高特定的高尔夫技巧。对于具有竞争力的高尔夫球手来说，一个典型的应季训练计划每周包括2或3项训练。

第1天： 比赛之后的第一天进行力量训练。

第2天： 比赛前或比赛后的1~2天进行爆发力训练。重复次数和使用药球的重量由一年中的特定日期决定。

第3天： 进行姿势训练的时候使用瑞士球和拉力绳训练。在早上有比赛的那天进行训练。

另一方面，高尔夫爱好者很可能不会坚持执行训练计划。我们的建议是，此类球手应参加力量和柔韧性训练，每周不少于2次。

第1天： 进行力量和爆发力训练。（力量训练参见第4章"为打出最远距离而进行力量训练"；爆发力训练参见第7章"能量传递和技能执行的运动记忆"。）

第2天： 进行稳定性姿态训练（核心训练参见第5章"姿态稳定性核心训练"）。

高级爆发力训练计划

一个成功的准备训练计划是按照循序渐进的方式设计的，是在形成的力量基础上进行的，由一位专业人员监管，能够展现对功能型运动生物力学和训练渐进性的科学理解和实际应用。训练计划可以包括各类锻炼，其具体内容就要看体能训练专家的创意了。因为整年的高尔夫运动训练可能导致厌倦和缺乏动机，所以应该努力提供多样化的训练内容。如果你没有高尔夫训练导师（或者即使你有），本书的训练计划还是会有助于你提高体能水平，实现更好的成绩。

通过利用各种设备和运动模式增加训练计划的多样性。从技巧训练和力量训练计划中选择使用体重、重量阻力、药球和拉力绳的锻炼方式。一个设计良好的训练是建立在计划和循序渐进的训练基础之上。正所谓，凡事预则立，不预则废。

训练计划应有助于实现恰当的挥杆次序和时间安排合理的挥杆。正如Zero Link的克里斯·韦尔奇以及和他共事的研究人员所发现的那样，"合理的挥杆时间安排能够成功地提高旋转速度"。另外，韦尔奇和他的合伙人表示，一旦对正确的挥杆形成基础认识，你就可以开始在更精细的力学参数上下工夫。

爆发力训练与力量训练不同。在爆发力训练中，应试图尽自己最快的速度挥动球杆击球。在常规的力量训练计划中，上提速度通常非常慢，大概每秒60度。然而在高尔夫运动中，会达到每秒数百乃至一千多度。每项运动都会尽可能地让训练适用于该项运动本身，这就叫作功能训练。事实上，在第7章"能量传递和技能执行的运动记忆"中的几个突出的训练就是功能训练。在训练中使用的姿势和运动模式与该项运动越相似，在该项运动中发挥的作用就越大。

有氧与无氧热身运动

热身运动应从几分钟的有氧运动开始，让身体组织的温度有所升高，然后根据高尔夫球手的个人偏好，进行一组静态或动态的柔韧性训练。正从损伤中恢复的球手或许需要更长的热身时间和更加相互分离的身体部位训练。

以下是一些提高身体组织温度的有氧运动方法。

- 沃萨攀爬器。
- 划船。
- 健身脚踏车。
- 滑板。
- 踏步机。
- 越野滑雪机。
- 慢跑。

动态热身运动

动态热身运动使用一系列受控的舞蹈动作作为该项运动的热身准备。训练和活动的数量根据不同练习而变化，但是目标保持不变。

作为热身运动的一部分，进行"线性重量转移"和"旋转重量转移"（第116页）训练各30秒，为唤醒重量转移意识做热身，并使核心肌肉和腰部的肌肉变热。轻型张力的下砍和上提都是极好的重量转移的热身运动。用"能量转移1"和"能量转移2"（第117页），以及"手臂加速运动1"（第118页）和"手臂加速运动2"（第119页）进行最后的热身。药球热身训练由甘·比达和史蒂夫·奥杰斯在*Complete Guide to Medicine Ball Training*中首次提出。

重量转移

下砍动作

要点　锻炼核心肌肉和上肢肌肉。

步骤

1. 确保训练拉力绳系在高于你的一侧肩部的上方位置。身体进入单膝跪立姿势。
2. 开始时转动上半身，面朝系着的训练拉力绳。抓住训练拉力绳的把手，双臂完全伸直。
3. 保持双臂完全伸直，向另一侧转动上半身，双臂沿对角线向下侧膝盖方向移动。
4. 保持这个姿势，然后以缓慢的、可控制的方式回到起始姿势。

提示　不要从一侧晃到另一侧。想象有一根杆从你的头部后侧移动到你的髋部。想象你在绕着这根杆转动。保持前侧的胫骨一直垂直于地面。

上提动作

要点　锻炼核心肌肉和上肢肌肉。

步骤

1. 将训练拉力绳系在腰部下面。
2. 从单膝跪立开始，系着的拉力绳位于身体一侧的腰部下面。
3. 靠近拉力绳附着处的手握住拉力绳把手，该手位于另一只手的上面。训练开始的时候将双手放在腹部的前侧。
4. 上半身沿对角线向上端的膝盖方向转动，远离拉力绳的附着处，同时双臂伸直。手保持原来的姿势。
5. 保持这个姿势。以缓慢的、可控制的方式回到起始姿势。

提示

- 握住把手的时候，双手肘越是伸展，手必须握得越紧。
- 每次重复训练时保持一直紧握把手。
- 保持上端膝盖的胫骨一直垂直于地面。

药球健身计划

以下的训练需要几个重量从2磅到8磅或10磅的药球，根据你的健身训练、体重和训练类型决定所使用药球的重量。安全的选择是以体重为依据；通常选择使用重量为体重的2%~3%的药球是个不错的开端。许多训练都需要一个伙伴、一面墙或反弹器，对某些人来说，这或许是一个限制条件。药球训练非常费力，每周训练不应超过2次，最好中间间隔2天。为了重新建立正确的挥杆次序和重量转移，遵循所有的爆发力训练，进行运动控制训练、"分离躯干旋转"（第120页）和"协助式上挥杆"（第125页）。

药球热身运动

所有这些锻炼都会使用腹部收缩方法（第114页）。

8字运动

要点 为重量转移和旋转做好准备，并激活肩关节旋转肌。

步骤

1. 开始时使用一个2~4磅重的药球。站立时，双膝略微弯曲，上半身挺直。在身体前侧正好位于膝盖之上的位置握住球。

2. 朝一条腿移动球，随之将70%~80%的体重转移至该腿，手握球移动，形成一个处于水平位置的数字8的单圈运动（a）。

3. 球完成数字8的单圈运动回到中间位置，随之将重量移到另一条腿，完成数字8的另一单圈运动（b）。

4. 运用顺畅的、有节奏的移动，但是保持躯干位于髋部上方，避免移动时髋部左右平移。

5. 从膝盖上面到胸部位置，缓慢移动进行8字运动。当身体几乎站直时，手握住球位于胸前位置，伸直手臂。回到起始姿势。

6. 进行20~30秒的8字运动。

药球训练

砍木头

要点　促进躯干的动态弯曲。

步骤

1. 开始时使用一个重量为体重2%~3%的药球。两腿分开站立，膝盖略微弯曲，上半身挺直。球握在头顶上面。

2. 以砍木头的方式向前向下移动球。

3. 使球挥动到你的双腿之间，然后回到起始姿势。

4. 进行该运动20~30秒。

提示　以受控制的方式移动。

▶ 后抛动作

要点 促进躯干的动态伸展。

步骤

1. 握住药球，双腿分开站立，双膝略微弯曲，上半身挺直。

2. 将球握在胸前位置，手臂伸直，以髋部为转轴。

3. 后倾不超过90度，然后回到起始姿势，双臂在头顶伸直。虽然这项训练叫作后抛运动，但你不必真的把球抛出去。在进行后抛动作时，仍将球握在双手中。

4. 重复进行此动作20~30秒。

提示 以受控制的方式进行移动。

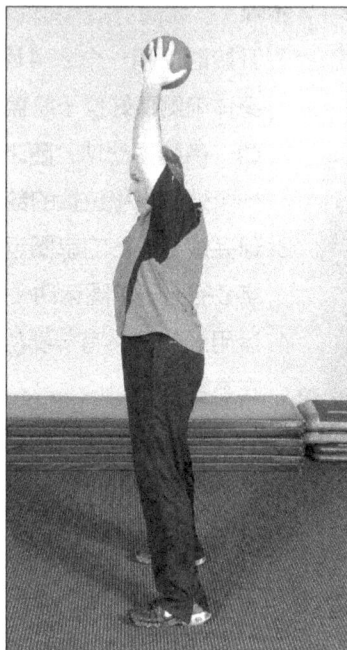

▶ 站立俄罗斯转体

要点 促进躯干的动态旋转。

步骤

1. 开始时使用一个重6~8磅的药球。双腿分开，膝盖略微弯曲。握住球，使其远离你的身体。

2. 左右交替转动，确保开始时速度较慢，熟悉这项锻炼后再提高速度。

3. 进行20~30秒的转体运动。

提示 以受控制的方式进行移动。

变式 如果和一个伙伴一起训练，可以背靠背站立，向对方转动身体时传递球。

掷铁饼

要点 提升对角线型的力学运动。

步骤

1. 开始时使用重量为体重2%~3%的药球。双腿叉开。双手在不高于腰部的位置握住药球，从身体的一侧，大概位于膝盖高度的位置开始移动球。

2. 双膝弯曲，从起始姿势朝另一侧肩部的方向移动球。虽然这项锻炼叫作掷铁饼，但实际不必扔出球。进入扔球姿势时，保持双手仍握住球。

3. 移动球的时候转动髋部，但是保持髋部位于双腿上方，避免髋部移向一侧。

4. 每个方向重复进行此动作20~30秒。

提示 这项训练更像是进行掷铁饼的动作。

坐立胸前传球

要点 激活"拉伸-缩短"周期运动。

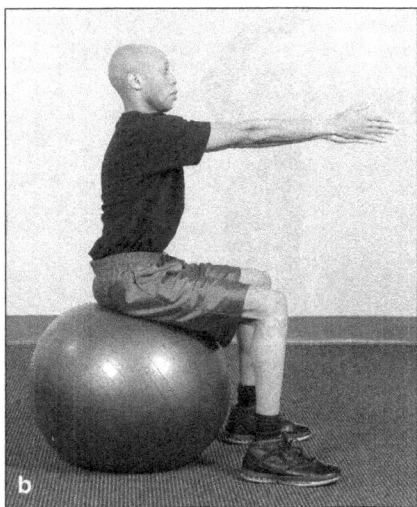

步骤

1. 开始时使用一个重量为体重的2%~3%的药球。坐在瑞士球上或平椅上，离你的伙伴大约10英尺远。双脚分开，与肩同宽。

2. 双手在胸前握住球（a）。

3. 双手用力向前伸把球传递给你的伙伴（b）。

4. 重复此动作8~10次。

坐立过顶掷球

要点　激活手臂和腹部的"拉伸－缩短"周期运动。

步骤

1. 开始时使用一个重量为体重的2%~3%的药球。坐在瑞士球上或平椅上。

2. 在头顶上方握住球，双臂伸直（a）。

3. 向前伸手臂以模仿向前掷球的动作（b）。

4. 内收腹部肌肉以启动掷球动作。

5. 掷球10次。

提示　坐在平椅上进行该项训练，直到躯干得到加强。如果躯干稳定性很好，可以坐在瑞士球上进行该训练。

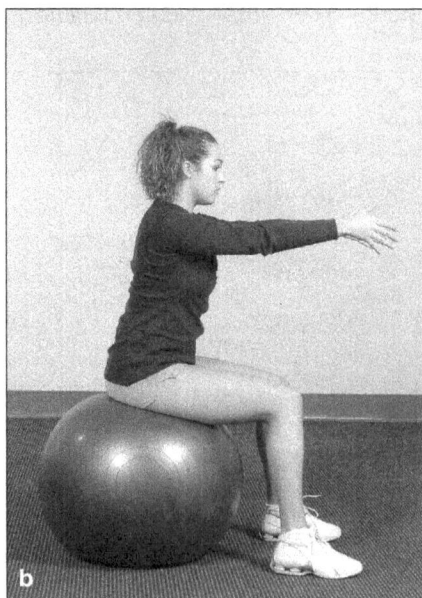

撞击球

要点 收缩腹部，加速掷球动作。

步骤

1. 从使用一个重量为体重2%~3%的药球开始。

2. 站直，双膝略微弯曲。

3. 把球举起到一侧肩部的上面（a），然后向下挥球，穿过身体，正好落到对面脚后侧的地面或墙上（b）。

4. 调动整个躯干，而不只是手臂。

5. 掷球10次。

提示 向一个稳定的表面或墙面掷球。

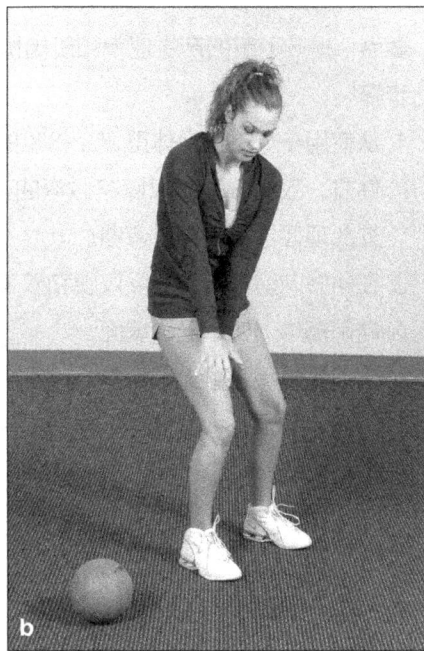

低手传球

要点　提升力量的产生速率和肌肉协调能力。

步骤

1. 从使用一个重量为体重2%~3%的药球开始。
2. 向下挥球至两腿之间，同时弯曲双膝和髋关节。
3. 延展你的髋部、双腿和后背，尽量向前掷球。
4. 掷球5~10次。

过顶掷球

要点　提升力量的产生速率和肌肉协调能力。

步骤

1. 从使用一个重量为体重2%~3%的药球开始。
2. 站立，双腿分开，双膝略微弯曲，后背挺直。
   在头顶握住球，手肘弯曲。
3. 在略微向前弯腰时伸展双腿和双臂。
4. 向前掷球，使球撞击墙面。
5. 掷球5~10次。

侧扔球

要点 提升力量的产生速率和肌肉协调能力。

步骤

1. 从使用一个重量为体重2%~3%的药球开始。

2. 以击球准备姿势站立。双手握住球。保持双肘靠近胸部。

3. 在上挥杆时尽量转动身体，但不要让双肘远离身体两侧（a）。然后朝相反方向旋转（还是保持双手肘位于身体两侧），当前侧髋部稳定而完成旋转后，扔出球（b）。

4. 把球扔向离你8~10英尺远的伙伴、反弹器或墙面。尽量使球沿水平飞行。

5. 每侧扔球5~10次。

提示 保持手臂弯曲，双手肘位于身体两侧。尽量快速移动髋部。

下半身训练

▶ 步行弓步转体

要点 股四头肌、腘绳肌、臀部肌肉、斜方肌。

步骤

1. 手握一个哑铃或药球，身体站直，双脚打开，与髋同宽，双脚相互平行。手臂伸直，使哑铃或药球位于胸部高度。在刚开始进行该练习时，你或许想运用自身体重进行锻炼。

2. 向前跨一大步，使左膝盖大约弯曲成90度，左膝盖正好位于左脚上方。在向下的过程中吸气。随着你将重量移向左侧，向左转动上半身，将药球保持在胸部高度。

3. 推动左脚回到起始姿势，把药球带回胸部正前方。在上升的动作过程中呼气。

4. 整个上升和向下的运动中，保持头部抬高，眼睛看向前方，双肩向后，并且背部挺直。

5. 左右腿交替向前跨步，身体向前腿那侧旋转。

提示

● 如果膝盖感到疼痛或承受了一些压力，可以向前跨远一点，确保膝盖位于脚的上方（膝盖绝不要位于脚前侧），或者前跨下降得少一些，以确保在做弓步时不会产生疼痛感。

● 如果肩部或双臂感到不适，可以使用较轻的哑铃或药球。

● 如果腰部感到疼痛，可以用静态的弓步转体或"哑铃深蹲"（第57页）替代该动作。

拉力绳侧步

要点　主要在额状面上锻炼神经肌肉。

步骤

1. 将拉力绳的一端系在腰部高度的一个物体上。腰带的一侧系着拉力绳的另一端。

2. 站立，手臂在胸前交叉。

3. 在保持姿势的同时，缓慢地向侧边踏步，远离拉力绳的固定处。

4. 然后以缓慢的、可控制的方式回到起始姿势。

提示　用脚后跟引导踏步。

长凳辅助弹跳

要点　提升力量的产生速率和肌肉协调能力。

步骤

1. 单腿站在长凳上，另一只脚踩在地面。

2. 在长凳上来回地跳。保持注意力集中。每次弹跳时交换落在长凳上的脚。

3. 重复此动作10~20次。

提示　仅在感觉该项训练变得更舒适后再提高速度。

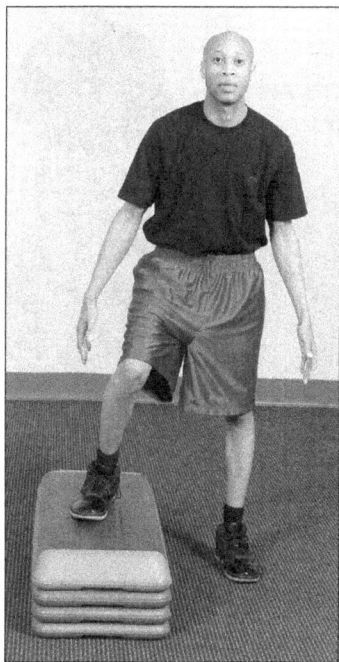

侧箱运动

要点 提升力量的产生速率和肌肉协调能力。

步骤

1. 双脚着地，站在箱子的一侧（a）。

2. 跳到箱子的顶部，然后下跳到箱子的另一侧（b）。

3. 来回跳动。

4. 来回重复此动作 10~20 次。

提示 双脚应尽量短时间地落在地面和箱子上。

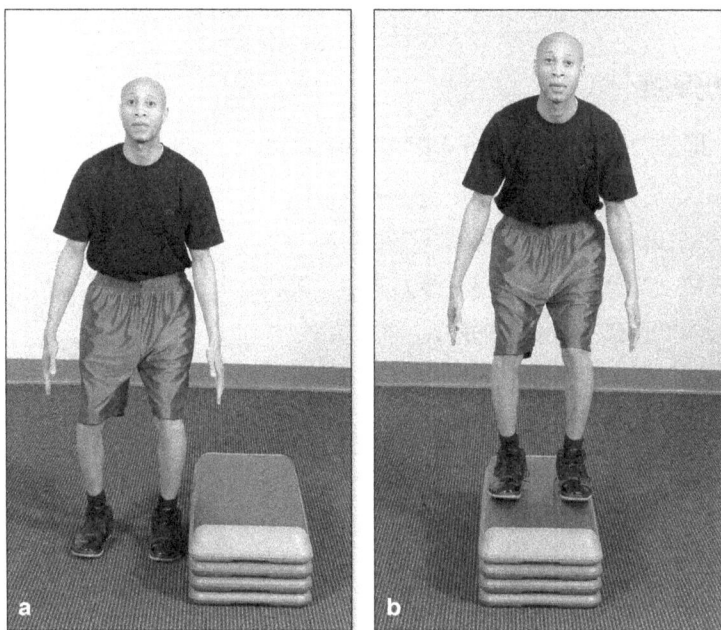

海斯曼侧弓箭步

要点 提升力量的产生速率，以及协调和平衡能力。

步骤

1. 这个训练在使用弹性阻力带的时候效果更好。把阻力带系在一个稳定的物体上或让一个伙伴抓住。阻力带勾住腰带右侧。向左转，直到你的右侧朝向墙面上阻力带的附着处或你的伙伴，阻力带缠绕臀部一圈。

2. 把一只脚放在高6~12英尺的平台上，另一只脚向另一侧大大分开，双膝略微弯曲。握住一个小药球，以帮助平衡和训练上半身和核心肌肉的力量（a）。

3. 随着踩在平台上的腿用力踩压，以该方向旋转骨盆，地面上的脚迅速抬离地面。双膝伸展，抬起腿的膝盖向上穿过伸直腿（b）。

4. 朝反方向转回落到起始姿势后，快速重复此动作。

5. 换另一条腿重复练习。

6. 一直练习，直到感到疲惫（失去平衡或肌肉发热）。

提示 保持抬高的膝盖与脚平齐。

高级变式动作 在腰部高度处握住一个4~6磅重的药球，手肘弯曲。从训练开始到结束，药球的移动为从臀部的前侧到臀部的后侧。

虫蠕运动

要点 提高上肢和下肢之间的柔韧性和神经肌肉活力。

步骤

1. 身体站直，双膝略微弯曲。

2. 身体前倾，直到双手手掌触碰地面。

3. 移动双脚尽量靠近你的双手。

4. 双手向前移动，远离你的脚，然后双脚再次靠近双手。

5. 重复此动作8~12次。

提示 起初在没有其他身体部分的补偿运动情况下，你或许无法移动双手或双脚很远。该练习的目的在于保持双手和双脚接触地面。

下一步

无论使用药球还是仅运用自身的体重，药球增强式训练对产生更大的爆发力都有惊人的效果。然而，增强式训练的强度很容易出现过度训练，造成身体受伤。从使用较轻重量的药球开始训练，逐渐增加训练强度。每周进行药球或小腿增强式训练不要超过2次。

本章向高尔夫球手展示了替代性的爆发力训练技巧。这意味着它是整体的一部分，而不是独立的方法。如果挥杆顺序和重量转移不正确，那么无论你通过训练获得多大的爆发力都不再有意义。你的表现将不会太理想。

下一步是提供一个综合的日常训练，将所有这些训练内容合并在一个15分钟的训练计划之中。该计划对那些在高尔夫体能训练要点上投入训练时间有难度的人是很有帮助的。

第10章

每周15分钟调整训练

高尔夫球手的体能训练和健身在相当大的程度上会因为个人的目标和技能水平而有所不同。但是，不论训练的目标是什么，每项训练计划都必须专注于神经肌肉系统训练，提高运动表现能力和预防损伤。以通过检测而发现的体能上的不足为基础，训练计划应包括专门针对该项运动的肌肉力量、功能灵活性、动态姿势平衡和人体环节运动力学次序的训练。在制订训练计划时，应查看你在第1章"高尔夫体能测试"中的测试结果。根据测试结果的反馈信息，设计出可以解决问题和加强优势的训练计划。

专项运动的肌肉强化活动可以使用各种不同形式的阻力，从自身体重到阻力带，再到传统的重量设备。在开始力量训练之前，应在锻炼高尔夫球手想要运用的肌肉方面花费大量的时间。功能灵活性的训练活动可以使用各类的拉伸方法，包括静态拉伸、本体感觉神经肌肉促进法（PNF），以及主动放松术（ART）。动态姿势平衡的训练可以以充满挑战或一般的方式进行，采取眼睛睁开或闭着，在平坦或不平坦的表面上进行训练。

人体环节运动力学次序或许对高尔夫体能训练来说是提高技能水平最重要的部分。因此，无论计划训练多长时间，人体环节运动力学序列的训练对任何高尔夫体能训练都至关重要。因为高尔夫挥杆涉及身体组件以精准的时间安排进行旋转挥杆和收杆的过程，身体各个环节无法按合理的次序活动可能导致击球爆发力损失或出现代偿活动。巡回赛级别的高尔夫球手的得分在每场个人赛上可能相差

40%。然而，除非伤病或疼痛问题，力量和灵活性最大值的日常差距不应如此大。所以，对此巨大差距的唯一解释就是时常发生变化的人体运动力学次序。

魏圣美清楚地展示了挥杆时的身体旋转。高尔夫球手的体能训练计划应专注提高有助于实现出色的、有力的挥杆动作的人体环节运动力学序列

那么这对高尔夫训练意味着什么？它为什么如此重要？一些研究已经显示，当高尔夫球手的力量增加5%时，他们的杆头速度可以提速1.7%。提升或增加合适的重量转移可以立刻让杆头速度增加14%。

大多数高尔夫爱好者不愿意花太多时间来训练提升其体能水平。在当今如此繁忙的职业和个人事务中，高尔夫爱好者的训练应包括针对全身进行有时限的力量、灵活性和神经肌肉训练（表10.1）。建议每周进行2次力量训练，而对于灵活性、平衡能力和挥杆次序的训练，建议每周进行4~5次。

表10.1　15分钟训练

项目	专注部位	训练项目	页数	次数/持续时间
灵活性	髋部/臀大肌	仰卧单脚盘腿髋部旋转	35	每侧1×30秒
	髋部	长时间脚尖着地髋部旋转	36	每侧1×30秒
	躯干旋转	站姿靠墙扭动	29	每侧1×30秒
	上背部	滚球伸展	33	1×30秒
	旋转肌群	侧卧内旋	33	每侧1×30秒
灵活性	双肩	墙角或门框拉伸	32	1×30秒
	髋部屈肌	登山式伸臂	37	每侧1×30秒
	腿部，腹部，背阔肌	站姿拉伸双腿腘绳肌	46	1×30秒
力量	躯干/腹部	侧桥式	81	1×15秒
	躯干/后背	俯卧抬腿	76	3×10秒
	下半身	靠墙坐立	100	6×5-10秒
	下半身	静态弓步	77	1×12秒
	下半身	单腿硬举	100	8×3秒
	下半身	怪物行走	100	每个方向10次
	上半身/躯干	坐立推墙	77	每个方向10次
	上半身/躯干	下砍动作	153	每个方向10次
	上半身/躯干	上提动作	153	每个方向10次
平衡能力	全身	DBS平衡板上挥杆	170	6×10秒
	全身	DBS平衡板改良收杆	170	6×10秒
	全身	单腿硬举转体		6×10秒
挥杆次序	全身	协助式上挥杆	125	15次
	全身			15次

在比赛季期间，练习是有前提条件的，主要的健身目标在于使体能水平尽可能地接近在休赛期间已经达到的水平。训练量和训练强度是两个需要控制的变量，可用来确保身体潜力的最大化，并使过度训练或训练不足导致的风险最小化。因为在一场平常的练习期间，高尔夫球手可能要击球500~1000次，有时进行完全不负重的训练（如不负重躯干稳定训练或水中运动治疗）是一种明智选择。目前的身体健康状态也应反映训练级别和训练计划的持续时间。对高水平比赛感兴趣的球手必须参加一整年的力量和体能训练。这在过去可以作为一种"例外"，但现在已成为了一种规定。

DBS平衡板训练

▶ DBS平衡板上挥杆

要点 用一条腿控制身体；顺畅、精确地活动。

步骤

1. 握住一根中铁杆或长铁杆。站在一个DBS平衡板上，平衡板的中心位于足弓的下面。(如果没有平衡板，可以单腿站在地面上进行这项训练。)

2. 集中注意力保持平衡，以右腿(如果惯用右手)或左腿(如果惯用左手)站立，让自己保持击球准备姿势。

3. 进入全挥杆姿势，保持6~10秒。

4. 回到击球准备姿势，同时确保用一条腿站立，然后重复进行此动作。

提示 如有必要，可用前腿的脚趾按压地面，让自己再次保持平衡。在不触碰地面的情况下，重复此动作5次。

▶ DBS平衡板改良收杆

要点 用一条腿控制身体，身体站直；顺畅、精确地运动。

步骤

1. 握住一根中铁杆或长铁杆。站在一个DBS平衡板上，平衡板的中心位于足弓的下面。(如果没有平衡板，可以单腿站在地面上进行这项训练。)

2. 集中注意力保持平衡，以右腿(如果惯用右手)或左腿(如果惯用左手)站立，让自己保持击球准备姿势。

3. 进入收杆姿势，保持此姿势6~10秒。

4. 回到击球准备姿势，同时确保用一条腿站立，然后重复练习此动作。

提示 如有必要，可用前腿的脚趾按压地面，让自己再次保持平衡。在不触碰地面的情况下，重复此动作5次。

下一步

在赛季期间，每周至少进行这项15分钟训练2次，如果你是一位高尔夫爱好者，可以全年每周练习2次。如果你想发挥个人潜能，应该对赛下训练计划和比赛时的训练计划予以同样重视。接下来的第11章"损伤康复训练"总结了之前所有章节中的要点。

损伤康复训练

与大多数人的观点相反，高尔夫运动会给身体带来巨大的压力。霍齐亚及其同事（Science and Golf, 1990）发现，在下杆和加速阶段，有几节腰椎要承受到等同于8倍身体体重的压力。试想一下，当你跑步时，身体会承受3~5倍体重的外力，然后你就会更容易理解为什么职业和业余高尔夫球手的身体都很容易出问题。

另外，高尔夫运动对身体素质的要求很高，因为双脚保持在地面上，这使代偿途径受限制——代偿运动的部位会帮助高尔夫球手避免灵活性、稳定性较差的部位，或导致挥杆次序差的部位承受过大的压力（参见第2章"实现全挥杆弧度的柔韧性"）。

关于这类问题的完美例子，让我想起了格雷格·诺曼的骨科疾病。1944年，他的右髋部出现疼痛。诊断性测试显示，他的右髋部有少量不明液体。在那时，髋关节内镜检查还不够完善，所以只能选择包括物理治疗、按摩和体疗在内的保守治疗。

而在1994年之前，诺曼已经出现过几次与生物力学和腰椎有关的背部疼痛。随后他继续打高尔夫，到90年代中后期，他的左肩开始出现疼痛。格雷格·诺曼有极好的灵活性和关节活动范围。然而，有时最大的优势可能会成为最大的不利因素。

1998 年，诺曼做了调整肩关节后方不稳定的手术以及去除骨刺的手术。2000 年，又对他的右侧髋部做了手术，清除撕裂的肩关节唇（软骨），拉紧略微松弛的髋前方关节囊。2005 年，他进行了背部手术，以消除受损神经的影响，并去除了部分损坏的椎间盘。

想知道这些不同部位的手术是如何联系在一起的，你需要了解诺曼的骨科疾病历史。他的髋部问题很有可能是所有其他问题的原因所在。他的右髋部出现轻微肿胀，迫使他依赖身体其他部位（一种代偿途径）来实现肩部的转动。因为天生就具备良好的灵活性，所以他可以通过拉动左肩来获得更大的活动范围。这反过来给左肩关节囊带来了压力，导致左肩关节松弛和不稳定。骨刺也可能是由于过度和不适当的活动造成的。依照这个过程，因为肩部问题得到纠正，但是髋部问题依然存在，导致又转换到以其他部位来取得更大范围的活动。当髋部问题一直困扰他的时候，这迫使他的腰椎获得更大的活动范围来带动肩部转动——另一个代偿途径。

问题在于腰椎并不善于大范围的转动，更别提是过度转动。因为他的中背部已经采取了最大范围活动，而且开始出现衰老态势，所以他的身体试图从其他部位（即腰椎）得到代偿活动。要记住，这一切都是在双脚着地的情况下发生的。

最终，在 2000 年，髋关节内镜检查技术成熟后，诺曼的右髋部通过手术得到了修复。然而，他的背部因为高尔夫挥杆动作而承受了巨大的压力。2005 年，他动手术解决了背部的慢性疼痛问题。

这个例子展示了身体各个部位的关系和相关性，显示了身体可以将力量传递到其他部位，非常智能，但代价也非常巨大——损伤或表现能力不佳。在其他运动中，双脚是可以移动的，代偿途径可以出现在其他一些部位。

不难看出职业或业余高尔夫球手是如何受伤的。高尔夫职业球手更容易受伤，因为数小时的练习和大量击球动作会带来重复压力。由于不适当的挥杆次序和用力，高尔夫业余球手可能更容易对身体增加施力。在本章中，我们将解决与高尔夫运动有关的几个常见问题，因为这项运动涉及肩部、背部、髋部、手肘、颈部和手腕。只要有可能，我们将讨论与性别和年龄相关的问题。

---

* 虽然本章介绍了各种与高尔夫运动有关的损伤，但这些信息绝对不应用于自我诊断。咨询与高尔夫运动损伤有关的医师或理疗师，从他们那里获得全面的建议和诊断。

性别和年龄差距

男性和女性高尔夫球手之间最明显的差距在于力量和灵活性。男性高尔夫球手更容易出现与灵活性和挥杆次序有关的问题，然而女人最容易出现稳定性和挥杆次序问题。男性倾向于依靠特定的代偿途径使他们的球杆到达要求的位置；女性因缺乏力量和稳定性，很容易在保持球杆稳定性上出现问题。男性可能使用左撇转、滑移或补偿脚的姿势让上杆达到顶点，或者在完成随球动作时把重量移到前腿。另一方面，女性或许因为缺乏髋部稳定性或因缺乏力量而很难使球杆移至顶端。因此，男性和女性可能有相同的技术问题，但是通常有不同的原因。

无论性别如何，年老的高尔夫球手都有与年老相关的问题。缺乏力量、柔韧性和平衡能力差，导致了大量与运动表现能力有关的问题。在髋部、膝盖、腰椎、颈椎、肩部、双手和手腕上，关节炎的问题可能使这项运动困难重重。

重视合适的体能训练和预防性护理保健将有助于一生的关节健康

另一方面，青年高尔夫球手正在长身体。现在开始打高尔夫的儿童年龄比以前要更小。沉迷于高尔夫运动的人们在这项运动中投入的时间越来越多。小孩子的生长板对转动的耐受力较低。我们会随着该项运动在年轻人中流行而看到他们出现越来越多与高尔夫相关的损伤吗？就像小联盟棒球队员出现与投掷有关的损伤一样吗？因为前腿、前膝盖或腰部负重过度，年轻球手会因过度训练而出现生长板的问题吗？只有时间会证明一切。

肩部损伤

肩部损伤在高尔夫运动中很常见。肩部损伤可以分为撞击综合征、不稳定性问题和软组织受损。

当拉动手臂越过身体或当你试着保持上杆位于顶点的姿势时，就会产生撞击。很多时候，撞击综合征是由于其他一些问题引起撞击的一种症状。虚弱无力，尤其是诱因性解剖，或直接造成的创伤，会启动撞击过程。球手可能在肩部活动时或在最大范围的转动时出现疼痛。除了针对旋转肌群和肩胛稳定进行综合训练之外，重新让肩部恢复活动范围也很重要。如果是身体结构方面的问题，如骨刺，可能需要注射类固醇或进行手术。

关节不稳定（因为关节囊松弛而导致肩关节活动过度）可能在肩部前侧或后侧较为明显，会造成继发性肩袖撞击。进行肩关节旋转肌群和肩胛骨稳定肌群的增强训练或许对此情况有所改善。非传统的治疗办法，如增生疗法（将糖水注入韧带，使其变硬和变厚），有过一些成功的治疗案例。但是，如果肩部继续出现问题，可能就需要进行手术治疗。增强肩关节旋转肌群的锻炼参见第6章"通过肩关节和髋关节训练获得稳定上杆"。

软组织损伤，如肩袖肌群或肱二头肌的扭伤，或者软骨盂唇的撕裂，是常见的问题，反复练习和击球会导致这些问题，或者由于厚击球或球杆击中地面时没有注意到地上的石头、草根或其他障碍物而造成急性损伤。尤其在45~55岁的人群中，肩袖旋转肌群局部的、全厚度的或底层的撕裂都有可能发生。高尔夫球手可能因为无法保持双臂无痛地从体侧举起而抱怨。球手们的身体在夜间会隐隐酸痛，尤其是侧躺睡觉的一侧，这种情况相当普遍。正确的护理和训练可以治疗轻微的或局部的撕裂，但是随着时间推移，这个问题也可能发展成为全厚度撕裂。全厚度撕裂几乎需要做手术才能恢复到完全的功能性使用状态。盂唇撕裂也可能引起疼痛，在运动时发出咔嚓声。甚至，患者每次把球杆从球包拿出的时候都会感受到肩部僵硬或者恼人的疼痛。盂唇撕裂恢复不够好是不幸的事情，但是，通过训练，可以保持周围的旋转肌群强健，有效地处理小块的撕裂。遵循第6章旋转肌群的训练要求，将有助于预防和修复因高尔夫运动而引起的几乎所有的撞击问题、肩关节拉伤、肩关节轻微不稳定，以及软组织损伤。

髋部损伤

在过去10年，经过马克·飞利蓬的认真工作，人们对高尔夫球手髋部损伤的了解越来越多。髋部损伤可以分为关节内部损伤（关节内的）和关节外部损伤（关节外的）。

髋部损伤问题可能包括从股骨髋臼撞击综合征、软骨盂唇撕裂到拉得过大的关节囊。腰大肌外侧的关节处于一个有利的位置，当前囊和韧带伸展伸长时，有助于稳定关节。髂胫束（腿外侧的组织）也可能在髋部或膝盖处发炎。根据撕裂位置，盂唇撕裂可能影响上杆或随后动作，各种撕裂均等地出现在高尔夫球手的前侧髋部和后侧髋部。前囊松弛会使上杆动作的后腿出现问题，或者在随球动作的前腿上出现问题。撞击可以在挥杆的任何环节出现症状性问题。患有关节炎的髋部在负重状态下最为疼痛，所以挥杆最受影响的环节取决于受伤的腿是前腿还是后腿。患有肩关节唇撕裂的髋部通常在走路的时候最明显——髋部外侧的疼痛逐渐加剧。大多数髋部问题经常被诊断为腹股沟拉伤，因为受伤的髋关节会表现出腹股沟和大腿内侧疼痛。然而，如果拉伤疼痛在2~4周内没有好转，则需要咨询医生的建议。

具体的髋部训练请参见第6章"通过肩关节和髋关节训练获得稳定上杆"。

背部损伤

背部损伤在高尔夫运动中时有发生，涉及局部疼痛或牵涉性疼痛，失去肢体力量、知觉，或者出现异常感觉或异常反射。有些研究显示，高尔夫职业球手的腰椎关节面肥大可能损害出口神经根，该部位因打高尔夫而承受高负荷。这是高尔夫球手背部问题的部分情况，经常打高尔夫的人也会发生这种情况。通常，高尔夫球手背部问题的出现伴随着腰部伸肌的变化，以及躯干侧边肌肉与躯干前后侧肌肉力量比发生变化。失衡可能发展成疼痛和功能失调，这就是平衡锻炼如此重要的原因。通过测试或训练发现身体哪些部位不平衡，在更紧绷或更虚弱的一侧多重复几次和几组训练。

下背部扭伤可能导致弥散性疼痛，影响上杆动作或随球动作。患有腰部扭伤的球手通常在下蹲击球时有些困难。患有明显的椎间盘问题的人，上半身的问题可能转移到下半身，导致无法轻松前屈。一条腿或双腿可能出现疼痛或麻木。这样的高尔夫球手显然会在进入准备姿势时遇到问题。后背部和髋部问题可能重叠在一起，所以确认症状的源头很重要。拜访医师、理疗师或医疗工作人员，他们会最有效地诊断这些问题。

骶髂关节也可能出现问题。这些问题经常与椎间盘问题有关，但是对于高尔夫球手来说，这些问题可能是独立的。当身体后仰和侧弯时，患者可能出现疼痛；通常疼痛定位在靠近腰部中间的一小块区域。

研究表明，无论是否患有腰部疼痛，高尔夫球手总体上都不太在意导致疼痛的起因。对于这些患有腰部疼痛的人们，他们不仅会在躯干肌肉的肌肉募集和耐力上出现变化，还会在挥杆的时候易于更多地向右侧或左侧弯曲脊柱，在击球准备动作时弯曲脊柱比弯曲髋部要多，而且总的来说，弯曲腰椎的能力在减退。没有腰部疼痛的人可以更高效地运用他们的腹部肌肉，以获得下杆时所需的力量和速度，而且与患有腰部疼痛的人相比，他们能更协调地收缩和激活腹部肌肉，更有耐力。因此，针对躯干稳定性和下肢适当拉伸（以正确的姿势）的综合训练计划可应用于所有的脊柱问题。稳定性很重要。但是如果关节疼痛对移动形成力学阻碍，那么必须先解决这个阻碍问题，稳定性才可以发挥最大作用。如果问题在几天内没有自行得到解决，请咨询医师的建议。

针对脊柱损伤的有效训练请参见第5章"姿态稳定性核心训练"。

手肘、肋骨和颈部疼痛

许多高尔夫球手的手肘内侧或外侧都会出现疼痛。沿着手肘内侧的疼痛称作"高尔夫球肘"；沿着手肘外侧的疼痛叫作"网球肘"。治疗这些问题包括拉伸受影响的组织，然后结合使用手腕屈肌或伸肌的偏心强化训练。冰敷和其他形式的物理治疗也会有所帮助。

另外一个问题可能发生在肋骨部位。如果沿着胸腔肋骨的部位出现疼痛，而且在几天内疼痛没有自行消退，首先应该排除该部位出现应力性骨折。另外，肋骨部位可能因为关节上的问题需要手法治疗。

颈部或许也受到腰椎间盘、关节炎或软组织问题的影响。颈部问题包括活动范围减小、失去力量、涉及上肢的牵涉性疼痛，或者像网球肘这样的长期疼痛。对于这些症状，可以寻求医疗帮助。

请参见第4章"为打出最远距离而进行力量训练"和第3章"热身运动"，了解改善躯干活动性的训练。躯干活动受限经常导致颈部疼痛。第5章"姿态稳定性核心训练"中的核心训练也有助于预防颈部和中背部问题。

治疗

用以下的观念治疗这些类型的损伤。

● **结构影响功能**。解剖结构和姿势会影响功能。例如，髋关节发育不良是指球窝关节没有与其应该连接的关节窝相适应。结果髋部功能受到影响。

● **功能控制效能**。运动模式控制运动表现成绩。例如，当高尔夫球手的身体部位不能实现最佳的活动或功能时，就有可能进入代偿途径。

● **效能速度掩盖失衡**。大多数活动都以肉眼很难分析失衡状态的速度进行着。例如，一位正在对学生挥杆动作进行录像的高尔夫教练可以确定瞬间的姿势，但他可能很难分析活动序列。

● **失衡意味着代偿运动**。当身体失衡时，就会看到代偿途径。例如，一位球手的臀中肌（髋关节外侧肌肉）虚弱无力，可能表现为在额状面运动方面有较差的稳定性。

● **代偿运动预示着成绩差或身体损伤**。每当出现代偿运动（运用代偿途径），则预示着身体最终会出现损伤或运动成绩不佳。

总结

发生在身体前导侧的高尔夫运动损伤比后侧肩部、手肘和手腕发生损伤的频率要高出4~5倍。腰部可能患有与身体前导侧受到牵引和离目标球最远的一侧受到压迫有关的问题，以及与下腰椎间盘横向剪切有关的问题。这些问题在临床上以椎间盘问题出现在身体的前导侧，并且影响远离目标球的一侧身体。这一难题可能由胸椎小关节骨质增生或侧隐窝狭窄引起。腰部症状可能因为结构或挥杆力学方面的问题而有所不同；颈部也是如此。

关于髋部，高尔夫球手的前侧髋部和后侧髋部都可能受到影响。出现的问题从活动范围过度到压迫过大，再到关节松散和软骨撕裂。临床上，高尔夫球手可能在下蹲对准洞穴击球时出现疼痛，或者无法在上杆时朝后腿旋转身体。球手也曾抱怨因为疼痛问题而无法把重量转移到前腿。患有髋部或背部问题的高尔夫球手也曾抱怨，当他们行走在松软草地上时会感到疼痛加剧，尤其当比赛超过一天或两天的时候。而且对于带有损伤或无法轻易放松身体的人来说，天气寒冷时需要花更多的时间进行热身。

高尔夫业余球手可能因为没有热身、挥杆动作差或因击球位置困难而受伤。即使击球技术合理，相比高尔夫职业球手，高尔夫业余球手会在他们的腰部产生更大的肌肉力矩和更大的剪切力，所以他们容易在该部位出现问题。职业球手可能因为打球过多、击球时削起的草皮过大，或者设法在糟糕地面，靠近草根、树、石头或灌木丛的地方击球时受伤。之前曾提到过，男性通常存在身体灵活性问题，而女性则存在稳定性问题。在这两种情况下，通常要么缺乏灵活性，要么缺乏稳定性，但是在某些情况下，情况可能相反。对于年轻的高尔夫球手来说，最重要的是监测高尔夫运动量和强度的逐渐增加，尤其是在身体成长高峰期。早期的诊断步骤对这个年龄群的球手来说也是非常重要的，因为他们还处于最具有塑造性的年龄。因为在生物运动力学、健身、失衡问题和损伤方面，现在美国职业高尔夫协会的教学专家们已经训练有素，高尔夫球手可以学习如何反复打出最安全和最有效的挥杆动作。

在康复和表现能力方面的一个重要概念是渐进性原则。不合时宜的训练进展会严重影响整个训练结果。举一个标准的渐进训练的例子，从仰卧单腿桥式（另一侧的手臂按压地面），逐渐进入站立的单腿硬举，运用拉力绳进行拉臂动作。这可以成为针对骶髂异常状态的一个标准渐进训练。关于渐进性训练的变量是从慢到快，从单一平面到多平面，等等。当提到背部时，如果希望实现衡平面上活动的最大效益，应确保在额状面和矢状面上提高力量。这一观念在马吉尔的著作（Human Kinetics, 2002）中进行了重点说明。

从本章中，你可以获得的最重要建议是，在必要时寻求医疗帮助。在任何问题的早期阶段接受医疗帮助将有助于确保最佳疗效。

现在是时候开始改变你的身体和改变你的高尔夫运动了！

作者简介

皮特·德拉维奇是匹兹堡大学医疗中心运动表现综合研究所的一位理疗师和康复专家。从1993年起，他成了美国职业高尔夫巡回赛明星格雷格·诺曼的私人理疗师。他还在马丁纪念医疗中心担任理疗师和健康顾问，在保镖公司担任总裁兼首席执行官，而且是圣路易斯红雀棒球队的春节训练理疗顾问。

德拉维奇作为一名颇有造诣的作家，在 *GOLF Magazine*、*Muscle Training in Orthopedics and Sports*、*Physical Therapy*，以及其他众多刊物上发表过文章。他的作品曾被刊登在美国娱乐体育节目电视网（ESPN）的高尔夫专区、美国全国广播公司的 High Performance Golf 和 60 Minutes 板块中，以及 *Golf Magazine*、*Sports Illustrated*、*Esquire* 和 *USA Today* 等。

德拉维奇获得了来自迈阿密大学的物理治疗硕士学位，以及特拉华大学运动医学和体育教育的硕士学位。他是美国物理治疗协会、美国国家运动教练协会以及美国体能协会的成员。

拉尔夫·辛普森是人体力量和体能方面的专家，还是在手法医疗、运动训练和骨科治疗方面获得资格认证的理疗师。他曾在无舵雪橇世界杯期间作为美国无舵雪橇队的随行医师，而且为美国奥林匹克委员会（USOC）训练中心提供医疗服务。自从1983年以来，辛普森一直与各种体育运动的运动员共事。他花费了12年的时间服务于美国高尔夫巡回赛，为几乎所有的高尔夫巡回赛以及冠军巡回赛提供医疗服务和训练。

辛普森是 *Golf Digest* 的专业顾问，写过大量关于高尔夫运动健身方面的文章。他本人或他的文章曾受到娱乐体育节目电视网、美国全国广播公司财经频道（CNBC）、*the Golf Channel*、*BBC Sports Talk*、美国各当地电视联播电台、*the New York Times*、*USA Today*、*Golf World*、*Wall Street Journal*，以及 *Chicago Sun Times* 的采访或引用。

辛普森获得了蒙大拿大学的物理治疗学士学位，以及健康与强调适应性教育的体育教育学士学位。他是美国物理治疗协会、美国国家运动教练协会、美国国家力量和体能协会以及美国国家手工理疗师协会的成员。他自1997年以来受邀担任"大鲨鱼大奖赛"的理疗师，而且继续为各类体育行业的专业人提供咨询。他还是位于蒙大纳怀特菲什的手工矫形和运动疗法诊所的所有者。他和他的妻子及女儿居住在蒙大纳怀特菲什。

译者简介

闪明，2003年毕业于山东大学生命科学院生物化学专业；2006年毕业于清华大学体育教育训练学专业；2006年进入清华大学体育与健康科学研究中心工作；2008年进入国家体育总局小球运动管理中心工作。